DE INMIGRANTE A CIUDADANO

CÓMO OBTENER O CAMBIAR SU ESTATUS MIGRATORIO EN ESTADOS UNIDOS

DE INMIGRANTE A CIUDADANO

CÓMO OBTENER O CAMBIAR SU ESTATUS MIGRATORIO EN ESTADOS UNIDOS

Rdo. Luis Cortés Jr.

En colaboración con el Immigrant Legal Resource Center
(Centro de Recursos Legales para el Inmigrante)

ATRIA ESPAÑOL
NEW YORK   LONDON   TORONTO   SYDNEY

 ATRIA ESPAÑOL

A Division of Simon & Schuster, Inc.
1230 Avenue of the Americas
New York, NY 10020

Primera edición en rústica de Atria Español, octubre 2008

ATRIA ESPAÑOL y colofón son sellos editoriales registrados de Simon & Schuster, Inc.

Para obtener información respecto a descuentos especiales en ventas al por mayor, diríjase a Simon & Schuster Special Sales al 1-800-456-6798 o a la siguiente dirección electrónica: business@simonandschuster.com.

Diseñado por Dana Sloan

Impreso en los Estados Unidos de América

10 9 8 7 6 5 4 3

Library of Congress Cataloging-in-Publication Data

Cortés, Luis, Reverend.
    De inmigrante a ciudadano : cómo obtener o cambiar su estatus migratorio en Estados Unidos / Luis Cortés.
        p.cm. — (Serie esperanza)
        1. Citizenship—United States—Handbooks, manuals, etc. 2. Emigration and immigration law—United States. I. Title.
JK1758.C654   2008
323.60973—dc22   2008017679

ISBN-13: 978-0-7432-9450-8
ISBN-10:   0-7432-9450-5

Índice

Prólogo

por Cristina Pérez, personalidad de la televisión y autora de *De mi madre lo aprendí*

«Lo que bien se aprende, nunca se pierde».

COMIENZO MI mensaje para ustedes, los lectores de este libro, con un dicho que aprendí de mis padres, el cual me ha orientado en la vida y espero que les resulte útil también. Mediante trabajo arduo y dedicación, mi madre y mi padre crearon una vida para nuestra familia: mi hermana, mi hermano y yo. Y con la ayuda, el apoyo y el ejemplo a seguir de mi padre, nueve de sus hermanos y hermanas finalmente emigraron de Colombia a Estados Unidos. Nuestras vidas se enfrentaban a multitud de obstáculos, pero nuestra familia estaba siempre llena de amor, y confiar en los míos y en el amor a mi cultura me ayudaron a superar aquellas dificultades. Mis padres nos dieron la libertad para sobresalir en Estados Unidos, nuestro nuevo país, y algo más importante aún, me abrieron las puertas que me han dado acceso a mejores oportunidades educativas y a un mejor estilo de vida.

Estados Unidos sigue ofreciendo a los inmigrantes muchas

oportunidades. Sin embargo, los inmigrantes también enfrentan muchos desafíos, no siendo el menor de ellos un sistema de inmigración muy complicado. Después de los ataques terroristas del 11 de septiembre, el gobierno de Estados Unidos está aplicando con mayor rigor leyes que simplemente no funcionan. Sabemos cuánto han contribuido a este país los inmigrantes, sin embargo, nuestras actuales leyes de inmigración apenas reconocen los muchos beneficios que los inmigrantes les han aportado a Estados Unidos.

Es de vital importancia que entienda las leyes sobre la inmigración y cómo esas leyes lo afectan a usted y a su familia, en particular dado el ambiente actual. Puesto que la inmigración aparece con frecuencia en las noticias, con informes de nuevos proyectos de leyes y nuevas estipulaciones que lo hacen sentir temeroso, es imperativo que entienda lo que realmente ocurre y basar cualquier decisión que tome en la mejor información que pueda obtener.

Es mi esperanza que este libro se convierta en un instrumento de orientación esencial para que entienda mejor su situación al responder a muchos de sus interrogantes, al ayudarle a evitar errores, prevenirle que dé dinero a personas que buscan enriquecerse en lugar de ayudarlo, y conducirle a otras fuentes confiables de información y apoyo. Por lo tanto es importante que usted tenga una visión real de los posibles impactos e implicaciones de las actuales leyes de inmigración en su vida y en las vidas de su familia, amigos y comunidad. Información confiable y comprensión precisa de las leyes de inmigración es esencial para cualquier inmigrante que viva en Estados Unidos en la actualidad.

Cerciórese de que sabe lo que realmente está pasando. Conozca los hechos, y no se deje embaucar por alguien que le diga que hay una nueva ley cuando no hay ninguna. No deje que alguien que le diga que puede ayudarlo a resolver un problema de inmigración rápida y fácilmente —por unos pocos dólares, porque «conoce a alguien» o por alguna otra razón— se aproveche de usted. Sea un consumidor inteligente y utilice la información de este libro como una guía. No dude en verificar con abogados con experiencia en cuestiones de inmigración, representantes acreditados y agrupaciones y líderes comunitarios y religiosos confiables.

Tenga presente también que usted puede tener un impacto en lo que el gobierno decida acerca de la inmigración. La última sección de este libro ofrece algunas sugerencias que podría contemplar si quiere trabajar a favor de mejores leyes migratorias. Recuerde, *lo que bien se aprende, nunca se pierde.* Aprenda a protegerse como consumidor y aprenda todo lo que pueda acerca de cómo las actuales leyes de inmigración pueden afectar su vida y la de su familia, y lo que puede hacer al respecto. Si usted tiene acceso a una computadora, por favor, visite estos sitios de Internet:

Esperanza USA—www.esperanza.us
Centro de Recursos Legales para el Inmigrante—www.ilrc.org
Entre otras páginas web para consultar se incluyen:
Asociación Americana de Abogados de Inmigración—
    www.aila.org
Red Católica Legal de Inmigración—CLINIC—
    www.cliniclegal.org
Centro de Recursos Centroamericanos—Carecen LA—
    www.carecen-la.org
Coalición por los Derechos Humanos de los Inmigrantes de Los
    Ángeles (CHIRLA)—www.chirla.org
Fondo Mexicoamericano para la Defensa Legal y Educacional—
    www.maledf.org
Alianza Nacional de Comunidades Latinoamericanas y
    Caribeñas (NALACC)—www.NALACC.org

Consejo Nacional de La Raza—www.nclr.org

Organización Nacional de Jornaleros (NDLON)—
www.NDLON.org

Centro Nacional sobre Leyes de Inmigración (NILC)—
www.NILC.org

Foro Nacional de Inmigración—www.nif.org

Unión Internacional de Empleados de Servicio (SEIU)—
www.seiu.org

Introducción

EL TEMA DE la ciudadanía y la inmigración siempre ha sido un punto de debate en Estados Unidos. Este país no sólo se ha beneficiado de la inmigración, sino que ha incorporado la inmigración como parte de su identidad. En las escuelas norteamericanas, los niños aprenden acerca de la Estatua de la Libertad, que se levanta en el puerto de Nueva York y que dice: «Dadme vuestros exhaustos, vuestros pobres, vuestras muchedumbres que ansían respirar en libertad, los miserables deshechos de vuestras rebosantes orillas. Enviádmelos a todos, a los desamparados, a los desarraigados por la tempestad. Yo alzo mi antorcha junto al umbral dorado».

En Estados Unidos de hoy, la inmigración es una red compleja de leyes y procesos, que exige de usted, el inmigrante, tener paciencia con la burocracia, disposición para aprender el proceso, así como la capacidad para conseguir buen asesoramiento y apoyo legal. Este libro es sólo el punto de partida para que usted empiece a indagar acerca de la inmigración en Estados Unidos.

Como ministro de la fe cristiana, es importante para mí compartir con usted que el movimiento de personas de una nación a otra por razones económicas, por hambre o por persecuciones religiosas o políticas, no es algo nuevo. El Antiguo Testamento, una escritura sagrada para cristianos, judíos y musulmanes, comparte el relato de los hebreos que, debido al hambre, tuvieron que emigrar a Egipto. Más tarde, la persecución religiosa obligó a los hebreos a salir de Egipto, una tierra que los había salvado, y tuvieron que cruzar el Mar Rojo para regresar al Sinaí. Los cristianos con frecuencia se olvidan de que el Niño Jesús tuvo que huir de su país debido a la persecución política, ya que Herodes había decretado su muerte, y María y José tuvieron que escapar a otro país para evitar el asesinato de su hijo. Es importante señalar también que Dios entiende que la gente tiene que mudarse de un país a otro para sobrevivir, y que la nación anfitriona debe y tiene que tratar a los inmigrantes con dignidad y respeto.

Si usted es cristiano, está llamado a fundamentar su conducta y el trato de los demás en la lectura e interpretación de las Escrituras. Como tales, nuestros puntos de audiencia sobre la inmigración deben sustentarse y erigirse en la revelación bíblica. Al examinar lo que la Biblia dice acerca de la inmigración, encontramos rápidamente que el establecimiento de Israel y de todo el cristianismo comenzó con la siguiente declaración:

El SEÑOR le dijo a Abram: «Deja tu tierra, tus parientes y la casa de tu padre, y vete a la tierra que te mostraré».—Génesis 12:1, (NVI)

El pueblo que llegamos a conocer en la Escritura como Israel, y nosotros como pueblo cristiano, comenzamos nuestra historia con el mandato de Dios a emigrar. Fue el llamado de Dios a emigrar y a inmigrar el que cambió la Historia. Dios llamó a un hombre a salir de lo conocido a lo desconocido, es decir, a convertirse en inmigrante —extranjero en una tierra extraña. La motivación de Abram fue el llamado de Dios a fundar una gran nación de promesa y bienaventuranza (*Génesis 12:2, 3*). Es una promesa de algo mejor: una vida mejor, un futuro mejor, y eso lo lleva a permanecer en el desierto en busca de un mejor mañana. Ésta es una de las muchas historias de inmigración que se encuentran en la Escritura, y la misma crea un clima de comprensión, un llamado de Dios a que nunca nos olvidemos de esta historia, y exige de los seguidores de Dios un tratamiento específico de los llamados extranjeros e inmigrantes. Dios nos instruye, como pueblo Suyo que somos a «mostrar amor por los extranjeros, porque también tú fuiste extranjero en Egipto» y ofrecerles a los extraños un lugar para descansar, alimento y hospitalidad (*Génesis 18:4,5; Deuteronomio 10:19*). Este modelo de hospitalidad y tratamiento nos da a conocer la existencia de una política bíblica de atención al inmigrante. Es una política basada en experiencias reales del pueblo de Dios que viajó a tierras extrañas y que con frecuencia fue víctima de explotación y abuso, como el caso del pueblo de Israel en el tiempo de Moisés. Estas experiencias les enseñaban a los seguidores de Dios y exigían de ellos que la atención y el cuidado de los inmigrantes debe inspirar nuestras actividades en el día de hoy. La Escritura dice claramente:

> *Cuando algún extranjero se establezca en el país de ustedes, no lo traten mal. Al contrario, trátenlo como si fuera uno de ustedes. Ámenlo como a ustedes mismos, porque también ustedes fueron extranjeros en Egipto. Yo soy el SEÑOR y Dios de Israel.*
> —Levítico 19:33, 34 (NVI)

> *No opriman al extranjero, pues ya lo han experimentado en carne propia: ustedes mismos fueron extranjeros en Egipto.*
> —Éxodo 23:9 (NVI)

*Maldito sea quien viole los derechos del extranjero, del huérfano
o de la viuda.* —Deuteronomio 27:19 (NVI)

A través de todo el Antiguo Testamento, la falta de fidelidad al
verdadero culto a Dios, como se expresa en estos preceptos de justicia y equidad, fue la razón para el juicio de Dios contra Su pueblo y su inminente tragedia.

En el Nuevo Testamento continúa este tema sobre el tratamiento de los extranjeros e inmigrantes. Encontramos a comien-
zos de la narrativa evangélica que nuestro Salvador fue un
inmigrante en Egipto, donde se vio obligado a huir. Esta historia
y esta experiencia de ser un pueblo inmigrante son las que ani-
man las palabras de Jesús a través de los evangelios y que claramente se expresan en Mateo 25:35. El pasaje nos enseña cómo
debemos tratar a los demás y dice: «*Porque tuve hambre y ustedes
me dieron de comer; tuve sed, y me dieron de beber; fui forastero, y
me dieron alojamiento; necesité ropa, y me vistieron; estuve enfermo, y me atendieron; estuve en la cárcel, y me visitaron*».

Es un llamado de Cristo a todos nosotros que somos Sus
seguidores a tratar al extranjero, al inmigrante, con justicia y hospitalidad. Es un llamado fundado en años de historia y de experiencia personal. Es el mismo llamado a cuidar de los demás que
Dios espera de Su pueblo a lo largo de toda la narración bíblica.
Es un llamado que se basa en lo que Dios busca de sus hijos y que
ha de expresarse en sus obras de hoy (Mateo 25:40).

Si usted es ciudadano de Estados Unidos, ¿qué le exige Dios
en este asunto de la inmigración? ¿Cómo ayudará a hacer de éste
un país mejor y más acogedor para los que por razones económicas, políticas o religiosas tienen que dejar todo lo que conocen
para comenzar de nuevo aquí en Estados Unidos? ¿Apoyará la
imagen tradicional de Estados Unidos como país acogedor o se

apartará de la promesa de Dios y exigirá que este país se cierre, negando nuestra historia y el llamado de Dios?

Si se encuentra luchando por su condición migratoria o si sabe de alguien que lo está, le invito a leer este libro y a familiarizarse con algunos de los muchos problemas que enfrentará. Recuerde, este libro es un detonador, y puesto que la inmigración es un asunto complicado y sujeto a constantes cambios, ser un inmigrante en Estados Unidos conlleva en la actualidad sus propias oportunidades y retos. Por eso es tan importante que usted, como inmigrante, entienda lo más que pueda sobre su situación y la de los miembros de su familia, y también sobre sus derechos y responsabilidades. Es muy importante también que se mantenga actualizado sobre los cambios que ocurren en las leyes y cómo se aplican las mismas, y que entienda lo que estos cambios pueden significar para usted y para su familia, y sepa en quién puede confiar o a quién puede dirigirse en busca de información veraz.

Es mi esperanza que *De inmigrante a ciudadano* sea un instrumento de orientación útil para usted y que le encamine por el rumbo correcto. Este libro le servirá como un suplemento, y no como un sustituto, de abogados, asesores y líderes religiosos y comunitarios confiables. Pretende advertirle también que se aleje de personas que no tienen las mejores intenciones. Todos los inmigrantes deben tener cuidado de no resultar engañados por personas que sólo están interesadas en su dinero y que, de hecho, saben muy poco, si es que algo saben, de los asuntos de inmigración. No permita que estas personas se aprovechen de usted. Son peligrosas porque sí pueden causarle verdaderos daños.

De inmigrante a ciudadano está clasificado por temas generales. Usted puede leer el libro completo o puede bastarle con concentrarse tan sólo en las secciones que aborden los temas de su interés, que podrá localizar en el índice que aparece al final del libro. Antes de poner en práctica los consejos leídos aquí, obtenga más información dirigiéndose a abogados confiables, a sus líderes religiosos y comunitarios, o a organizaciones de la comunidad o de inmigrantes.

Debido a que las leyes de inmigración cambian con frecuencia, es importante que se mantenga actualizado. Tanto las nuevas leyes como los cambios en la manera de aplicar las leyes vigentes pueden afectarlo a usted y a su familia. Hay una lista de organizaciones vinculadas a la inmigración a las que puede remitirse y que Cristina Pérez comparte con usted en su prólogo.

A través de todo el libro, encontrará advertencias y alarmas de fraude. Comprender estas advertencias y alarmas es parte esencial de su éxito al dedicarse a su situación migratoria. Le ayudarán a que tenga menos probabilidades de caer en manos de personas inescrupulosas que puedan hacerle promesas que son imposibles de cumplir, tales como decirle que pueden conseguirle su tarjeta de residencia a la mayor brevedad. Le ayudarán a librarse de la deportación. Le informarán cuáles son sus derechos, porque si usted se encuentra en Estados Unidos legal o ilegalmente, sí tiene derechos. Pero aunque la información que encuentre en *De inmigrante a ciudadano* lo orientará a través de todo el proceso, lo ayudará a sortear los escollos de la burocracia y responderá a muchas de sus preguntas, recuerde que nada puede sustituir a un abogado experimentado.

Es cierto que saber es poder, y es importante que usted actúe con prudencia y se informe tanto como pueda respecto a los problemas de inmigración que lo afectan. Ése es el objetivo de *De inmigrante a ciudadano*.

1

Cómo obtener el estatus legal en EE.UU.

E L PROCESO DE inmigración es complicado. Pero, al igual que otros objetivos importantes, la obtención de un estatus legal puede conllevar muchísimo trabajo. Nos referimos a algo más que al papeleo y a las citas con los funcionarios de inmigración.

Usted se enfrentará a muchos obstáculos en el intento de entender mejor su estatus migratorio y, de ser posible, cambiarlo; de manera que debe comprender cómo funciona el sistema. Tendrá más probabilidades de éxito si entiende cómo funciona el sistema de inmigración de Estados Unidos.

Este capítulo lo ayudará a familiarizarse con algunos importantes términos y conceptos de inmigración, y en él aprenderá algunas de las muchas maneras en que puede obtener su residencia legal en Estados Unidos. Estos conceptos reaparecerán a lo largo del libro, remítase, pues, a este capítulo si se tropieza con un término que no esté seguro de haber entendido; también puede consultar el índice al final del libro.

¿Quién está a cargo de inmigración en el gobierno de EE.UU.?

El organismo más importante del gobierno de EE.UU. que debe conocer es la Oficina de Ciudadanía y Servicios de Inmigración, o CIS (sigla en inglés). Éste es el organismo que se ocupaba de todos los servicios de inmigración que solían estar a cargo del Servicio de Inmigración y Naturalización, también llamado el INS o la migra. Estos servicios incluyen peticiones de visa, solicitudes de tarjetas de residente, peticiones de asilo y solicitudes de refugiado, entre otras. Para obtener más información acerca de estos servicios, visite la página web de la CIS en www.uscis.gov donde puede tener acceso a los formularios de inmigración, las tarifas de solicitud, los cambios en las leyes de inmigración, información sobre direcciones de las oficinas de la CIS y mucho más.

¿Cómo me comunico con la CIS?

Si quiere hablar con un agente de inmigración acerca de problemas migratorios complejos, puede solicitar una cita, también llamada un *InfoPass*, para tener una reunión en la oficina local de la CIS. Puede necesitar una cita para discutir asuntos que incluyan documentos de viaje de emergencia, identificación temporal de residente legal permanente o autorización de trabajo provisional

---

ADVERTENCIA: Si no tiene ningún estatus migratorio legal ni documentos de inmigración, NO vaya a la oficina local de la CIS sin consultar primero a un abogado con experiencia en problemas de inmigración o a un representante acreditado. Puede correr el peligro de exponerse a las autoridades de inmigración y ser deportado.

para aquellos que tengan derecho. Para hacer una cita, diríjase por Internet a http://infopass.uscis.gov.

¿Quién es un ciudadano de EE.UU.?

Cualquiera que haya nacido en Estados Unidos o Puerto Rico es ciudadano de EE.UU., aunque sus padres sean indocumentados. Algunas personas que nacen fuera de EE.UU. heredan la ciudadanía norteamericana al nacer si la madre o el padre es ciudadano norteamericano.

Si usted no es ciudadano norteamericano de nacimiento, puede dar los pasos necesarios para convertirse en tal a través de un proceso que se llama *naturalización*. Los residentes permanentes (poseedores de la tarjeta de residentes o tarjeta verde) que reúnan ciertos requisitos pueden solicitar la ciudadanía norteamericana. Si el titular de una tarjeta verde se convierte en ciudadano de EE.UU. antes de que sus hijos cumplan 18 años, esos hijos se convierten automáticamente en ciudadanos si ya tienen sus tarjetas verdes.

EJEMPLO: *Kira es ciudadana norteamericana. Trabajaba en Costa Rica cuando dio a luz a su hija Marisol. Aunque Marisol no nació en Estados Unidos, puede haber heredado la ciudadanía a través de su madre, siempre que cumpla con ciertos requisitos.*

EJEMPLO: *Jorge nació en San José, California. Sus padres eran indocumentados en el momento de su nacimiento. Sin embargo, Jorge es ciudadano norteamericano porque nació en Estados Unidos.*

Un ciudadano norteamericano no puede ser deportado de Estados Unidos por ninguna razón, excepto en raras circunstancias en que la ciudadanía haya sido adquirida por fraude. Un ciudadano norteamericano puede reclamar a sus padres, cónyuge, hijos, hermano o hermana para que ingresen como inmigrantes en Estados Unidos.

¿Puede ser usted ciudadano de EE.UU. y no saberlo?

Algunas personas que nacieron fuera de Estados Unidos pueden haber heredado la ciudadanía norteamericana de uno de sus padres. Las personas nacidas fuera de Estados Unidos que creen que uno de sus padres o uno de sus abuelos puede haber sido ciudadano norteamericano, deberían consultar con un abogado experimentado en asuntos de inmigración o un representante acreditado para discutir esa posibilidad.

¿Qué significa ser indocumentado o «ilegal» en EE.UU.?

Los indocumentados son aquellos que no tienen autorización en la actualidad para estar en Estados Unidos. La persona puede haber cruzado la frontera sin la autorización de un agente de inmigración —lo que a veces se llama *ingreso sin inspección* (EWI, sigla en inglés) o *presente sin autorización* (PWA, sigla en inglés)— o la persona puede haber entrado con una visa temporal, tal como una visa de estudiante o de turista, que ha caducado, o puede haber violado las condiciones de la visa temporal al trabajar sin permiso o de cualquier otra manera. A las personas en esta situación con frecuencia se les llama *de estadía vencida*.

La obtención de residencia permanente o cualquier otro estatus legal no resulta fácil para la mayoría de los indocumentados que viven en EE.UU. Las personas indocumentadas pueden enfrentar serios obstáculos para obtener una tarjeta verde si han entrado o salido de EE.UU. o han trabajado sin permiso en el país. Dada la complejidad del asunto, es de vital importancia que consulte a un abogado con experiencia en problemas de inmigración o a un representante acreditado.

ADVERTENCIA: TENGA CUIDADO CON LAS EXCLUSIONES DE "LA PRESENCIA ILEGAL"

Las personas indocumentadas que salen de EE.UU. y luego intentan reingresar al país enfrentan serias consecuencias. Si una persona indocumentada está en EE.UU. entre 180 y 364 días en *presencia ilegal* (sin permiso), y luego sale de EE.UU., él o ella no podrán reingresar en el país ni obtener una tarjeta verde en un plazo de tres años. Si una persona indocumentada está en EE.UU. durante un año o más en presencia ilegal y luego sale de EE.UU., a él o ella le estará prohibido el reingreso o la obtención de una tarjeta verde durante diez años. Si una persona indocumentada está en EE.UU. durante un año o más en presencia ilegal sale de EE.UU. y luego reingresa o intenta reingresar en el país sin permiso, ¡él o ella puede quedar definitivamente excluido de reingresar en el país o de obtener una tarjeta verde!

¿Qué pasa si me encuentro en EE.UU. sin documentos?

Debido a las exclusiones de la presencia ilegal, algunas personas indocumentadas dudan de salir de EE.UU. por temor a que no puedan reingresar, y que comprometan definitivamente su capacidad de obtener la residencia permanente, o que tengan que permanecer fuera de Estados Unidos durante años ante de reunirse de nuevo con los miembros de su familia en este país.

EJEMPLO: *Guadalupe es una niñera mexicana indocumentada que ha vivido en EE.UU. durante ocho años. Su madre está en Tijuana, México, y se encuentra muy enferma. Ella quisiera pedir permiso para visitar a su madre y regresar a EE.UU.; pero* *en la actualidad no tiene derecho a solicitar ningún estatus migratorio legal.*

Desafortunadamente, Guadalupe no puede obtener un permiso para viajar a México y regresar a EE.UU. El permiso para viajar y para trabajar se le otorga tan sólo a personas que tienen un estatus legal o, en algunos casos, a personas que han presentado una solicitud para la obtención de un estatus legal. Si Guadalupe solicita un permiso de viaje de la CIS o de la ICE, probablemente le denegarán su solicitud y le iniciarán un procedimiento de deportación.

Sin embargo, el hecho de que una persona esté indocumentada no significa que esa persona esté sujeta a la deportación inmediata. Millones de personas han vivido por muchos años en condición de indocumentadas en EE.UU. sin que las hayan detectado, y un gran número de familias norteamericanas están «mezcladas», es decir, compuestas por personas que tienen sus documentos en regla y otras que carecen de ellos. No obstante, las personas indocumentadas corren el riesgo de detención y deportación, y pueden ser arrestadas por agentes del gobierno de EE.UU. en cualquier momento.

¿Cuál es la mejor persona o entidad capacitada para ayudarme a resolver mis problemas de inmigración?

Aunque sea bueno asesorarse con líderes religiosos y comunitarios, es importante que consulte con un abogado experimentado en problemas de inmigración o con un representante acreditado y bien informado. Diríjase al Servicio de Referencia de la Asociación Americana de Abogados de Inmigración (*American Immigration Lawyers Association's Lawyer Referral Service*) llamando al 1–800–954–0254.

¿Qué son los representantes acreditados?

Un representante acreditado trabaja para una organización sin fines de lucro al servicio de los inmigrantes y ha sido autorizado por el gobierno para representar a personas que están haciendo sus trámites de inmigración. Esto significa que un representante acreditado le brinda asesoría legal y puede ayudarle a preparar sus solicitudes de inmigración y acompañarle en cualquier entrevista de rigor ante funcionarios o jueces de inmigración. En otras palabras, un representante acreditado puede hacer casi tanto como un abogado en la tarea de ayudarlo con los trámites y solicitudes de inmigración. Un representante acreditado debe presentarse con ese carácter y darle prueba de su condición si usted se la pide.

Para encontrar un representante acreditado que lo ayude, diríjase a alguna oficina de Rescate Internacional, Caridades Católicas u otras organizaciones legales sin fines de lucro que le queden cerca. Éstas son tres respetables organizaciones nacionales que ayudan a los inmigrantes con sus documentos. Si no pudieran ayudarlo, suelen brindarle información sobre algún abogado honesto u otra organización cerca de usted que sí pudiera prestarle ayuda. También puede buscar asesoramiento de personas respetables de su comunidad, tales como líderes religiosos y comunitarios, que pueden sugerirle dónde podría encontrar ayuda.

¿Qué es la residencia legal?

Hay tres maneras de que una persona pueda «residir» legalmente en EE.UU.: como residente permanente, como residente temporal o como residente condicional. Estas tres clases de residentes pueden perder su condición legal y ser deportados o expulsados de EE.UU. si incurren en alguna acción que, conforme a la ley, merezca la deportación.

¿Qué es un residente permanente?

Los residentes permanentes o portadores de la *tarjeta verde*, tienen el derecho a vivir y trabajar permanentemente en EE.UU. y, con algunas restricciones, viajar fuera de EE.UU. por extensos períodos de tiempo. Luego de cinco años (o menos en algunos casos —véase las página 117–120 para más detalles), un residente permanente mayor de 18 años puede solicitar la ciudadanía norte–americana mediante la naturalización. Un residente permanente también puede reclamar a un cónyuge o a un hijo soltero a venir a vivir a Estados Unidos.

El estatus de residente permanente se valida comúnmente mediante una Cédula de Inscripción de Extranjeros, a la que suele llamársele tarjeta verde. La condición de residente permanente también puede aparecer en un pasaporte extranjero en el cual aparezca un sello de residente permanente. Algunas personas validan su condición de residentes permanentes con una tarjeta I–94 sellada.

¿Qué es una tarjeta verde?

Una tarjeta verde es una tarjeta de residente permanente en EE.UU. Es prueba de que una persona que no es ciudadana de Estados Unidos tiene permiso de residir y trabajar permanentemente en el país. La tarjeta incluye el nombre del residente permanente, su fotografía, su número de inscripción de extranjero (con frecuencia llamado *A number*), la fecha de nacimiento y alguna otra información. Los residentes permanentes en EE.UU. deben llevar sus tarjetas de residentes con ellos todo el tiempo.

Muchos hispanohablantes llaman *mica* a la tarjeta. Según dónde viva, tener una *mica* podría significar tener estatus de residente permanente (una tarjeta verde), tener permiso de trabajo o tener sólo una tarjeta para cruzar la frontera que es válida por setenta y dos horas. Sin embargo, tener una tarjeta verde significa específicamente tener condición de residencia permanente. Para satisfacer su curiosidad, las tarjetas verdes derivan su nombre del color original que tenían, pero ya no son verdes. Más adelante en este capítulo hablaremos de los diferentes modos de obtener una tarjeta verde.

¿Qué es un residente temporal?

Los residentes temporales son personas que están en el proceso de legalizar su situación mediante algunos de los que antes se llamaban *programas de amnistía*. Ya no quedan muchos residentes temporales porque la mayoría se han convertido en residentes permanentes.

¿Qué es un residente condicional?

Los residentes condicionales son personas que obtuvieron sus tarjetas verdes a través de un cónyuge en el curso de los primeros dos años de matrimonio, y pueden tener derecho a convertirse en residentes permanentes con todos los derechos luego de un «período de prueba» de dos años. Durante este período de prueba, los residentes condicionales pueden recibir la mayoría de los beneficios a que tienen derecho los residentes permanentes: pueden trabajar, viajar dentro y fuera de EE.UU., y el tiempo transcurrido se cuenta entre los requisitos para la ciudadanía norteamericana. Se les da una tarjeta verde semejante a la regular, salvo que tiene una fecha de vencimiento de dos años a partir de la fecha de expedición. Cuando la fecha de vencimiento se aproxima, los residentes condicionales deben solicitar que les suspendan las condiciones impuestas a su residencia legal de manera que puedan convertirse en residentes permanentes.

¿Qué es una visa?

Una visa le permite llegar a cualquier frontera de EE.UU. y pedirle al agente de inmigración que le permita entrar en el país. Una visa por sí sola no le da ingreso en EE.UU. Sólo el agente de inmigración tiene la autoridad de permitirle entrar en EE.UU. y decidir por cuánto tiempo puede permanecer para cualquier visita en particular.

Existen dos categorías de visas norteamericanas: de inmigrante y de no–inmigrante.

¿En qué consisten las visas de inmigrante?

Las visas de inmigrante se les conceden a personas que vienen a EE.UU. y tienen derecho a recibir una tarjeta verde. Las personas con visas de inmigrante usan esta visa en la frontera para entrar en EE.UU. Una vez que entran al país, se convierten en residentes permanentes. Las personas con visas de inmigrante también usan sus visas cuando se encuentran dentro de EE.UU., por ejemplo, como prueba de que tienen derecho a trabajar legalmente en el país.

Cada año el gobierno de EE.UU. otorga 140.000 visas permanentes basadas en solicitudes de empleo. Estas visas se le conceden en su mayoría a personas que cuentan con el respaldo de sus empleadores y tienen ofertas de empleo permanente en EE.UU.

¿Qué son las visas de no–inmigrante?

Las visas de no–inmigrante se dan a las personas que tienen el derecho a permanecer en EE.UU. temporalmente para un propósito específico. Algunas visas de no–inmigrante pueden dar lugar al estatus de residente permanente, pero la mayoría no. Algunas visas de no–inmigrante le permiten a su poseedor trabajar legalmente en EE.UU., pero a muchos no se lo permiten.

Usualmente, las personas deben solicitar sus visas de no--inmigrante en el consulado de EE.UU. más cercano en su país de origen.

Si las personas ya se encuentran en EE.UU. con una visa de no–inmigrante pueden cambiar a otra categoría de visa de no--inmigrante sin tener que salir de EE.UU. Hay otras restricciones sobre el cambio de categorías de visa, de manera que es importante consultar a un abogado con experiencia en cuestiones de inmigración o a un representante acreditado antes de que venza su condición migratoria actual.

¿Cuáles son las diferentes clases de visas de no–inmigrante?

Hay varias clases de visas de no–inmigrante, que se otorgan a:

- **A:** Funcionarios diplomáticos y sus familias.
- **B:** Visitantes de negocios (B–1) o turistas (B–2). Éstas se conceden para visitar EE.UU. temporalmente por razones de negocios o placer. Esta visa por lo general se otorga por 6 meses y puede extenderse por un año. Para obtener una visa B, usted debe probar que no tiene intenciones de venir a radicarse permanentemente en EE.UU., y demostrar que tiene trabajo, familia y nexos sociales en su país de origen.
- **C:** Extranjeros en tránsito que pasan a través de un aeropuerto o de un puerto marítimo.
- **D:** Miembro de una tripulación (aérea o marítima).
- **E:** Inversores o comerciantes libres (provenientes de países donde existen tratados comerciales e inversiones).
- **F:** Estudiantes que quieren asistir a escuelas no–vocacionales, universidades, programas de idiomas o escuelas de arte como estudiantes regulares. Los poseedores de esta visa tienen una

capacidad limitada para trabajar legalmente en EE.UU. y la visa no da lugar a que lleguen a obtener una tarjeta verde.

- **G:** Empleados de organizaciones internacionales (FMI, CIPE, OEA, Cruz Roja Internacional, etc.).

- **H:** Trabajadores temporarios. Éstas se conceden a los siguientes profesionales: profesionales en ocupaciones especializadas (H–1B), enfermeros (H–1C), obreros agrícolas de temporada (H–2A), obreros temporarios que no son del sector agrícola (H–2B), o aprendices (H–3) y personas de Canadá y México en proyectos especiales (visas TN).

- **I:** Representantes de la prensa internacional.

- **J:** Visitantes de intercambios, que incluye a los estudiantes por intercambios educativos, integrados al mismo nivel que la familia que los hospeda (*au pair*), graduados de medicina, estudiantes en entrenamientos prácticos, profesores e investigadores, académicos por breves estancias, y asesores de campamentos. Éstas son personas que vienen a EE.UU. a trabajar, estudiar o recibir capacitación. Al terminar su período de práctica o capacitación en EE.UU., muchos de ellos deben regresar a sus países de origen antes de que puedan cambiar su estatus migratorio u obtener una tarjeta verde en EE.UU.

- **K:** Prometidos; cónyuges de ciudadanos norteamericanos casados en el extranjero. A estas personas se les concede un estatus temporal y con el tiempo pueden llegar a obtener una tarjeta verde. También incluye a los hijos del novio o de la novia, o los hijos del cónyuge de un ciudadano de EE.UU. que esté fuera del país a la espera de la aprobación de una petición de visa de inmigrante.

- **L:** Trasladados dentro de una misma compañía (ejecutivos, gerentes, personas con conocimiento patentado).

- **M:** Estudiantes de idiomas y programas vocacionales. Éstas se conceden a personas que asisten a programas docentes o vocacionales específicos, tales como escuelas de aviación o de cocina. Los portadores de una visa M no pueden trabajar y sólo pueden aceptar entrenamiento práctico una vez que hayan terminado sus estudios.

- **N:** Empleados de la OTAN.
- **O:** Extranjeros con capacidades extraordinarias.
- **P:** Atletas, grupos de entretenimiento (como las orquestas) y personal de apoyo.
- **Q:** Visitantes de intercambios culturales (por ejemplo: para participar en el *Smithsonian Folklife Festival* de Washington, D.C., y actores del Pabellón de México en el Epcot Center de Disney).
- **R:** Ministros y otros trabajadores religiosos profesionales. La visa es válida por tres años y puede extenderse por otros dos años.
- **S:** Informantes. Personas que estén trabajando con la Secretaría de Justicia en la investigación o el proceso penal de una organización o empresa delictiva pueden recibir esta visa.
- **T:** Víctimas graves de tráfico de seres humanos. A estas personas se les concede esta visa porque se encuentran en EE.UU. como víctimas y estarían expuestas a graves perjuicios si abandonan el territorio norteamericano. Esta visa también está al alcance del cónyuge y los hijos de las víctimas de tráfico humano (así como de los padres si la víctima es menor de 21 años). Los poseedores de la visa T tienen derecho a solicitar una tarjeta verde después de tres años.
- **TN:** Profesionales del Tratado de Libre Comercio de América del Norte (NAFTA, sigla en inglés).
- **U:** Víctimas de actividades criminales y personas que han sido útiles en una investigación o proceso judicial de un delito o que han sufrido perjuicio físico o mental de importancia como resultado del mismo. Entre los delitos que le dan dere-

cho a una víctima a solicitar esta visa se encuentran: violencia doméstica, asalto con propósito criminal, prostitución, tortura, incesto, violación, asalto sexual, rapto y secuestro. Los cónyuges, hijos y hermanos de algunas víctimas también tendrán derecho a esta visa. Los poseedores de una visa U tendrán derecho a obtener una tarjeta verde después de tres años.

- **V:** Cónyuges e hijos menores de edad de residentes perma–nentes que están a la espera de tarjetas verdes. A estas perso–nas se les concede un estatus temporal y permiso para trabajar, están protegidas contra la deportación y con el tiempo pueden obtener una tarjeta verde. La visa V está a disposición de los residentes permanentes que han estado a la espera de ingresar en el país al menos durante tres años mediante una petición presentada por un familiar que sea residente permanente. El residente permanente miembro de la familia debe haber presentado su solicitud de visa antes del 21 de diciembre de 2000.

¿Qué otras clases de estatus existen?

Existen muchos otros tipos de estatus legales que permiten a las personas vivir y trabajar en EE.UU. Algunos son temporales y no necesariamente hacen que las personas se conviertan en residentes permanentes, mientras que otros sí ofrecen esa opción y, si así lo desean, pueden hacer los trámites para convertirse en ciudadanos. Aquí se incluyen:

- **Asilados y refugiados:** Éstas son personas a las que se les ha concedido asilo político o estatus de refugiado y que aún no se han convertido en residentes permanentes. Tienen el derecho a trabajar, a viajar fuera de EE.UU. y a aceptar ciertos beneficios públicos. También tienen derecho a llegar a convertirse en residentes permanentes.

- **Acción diferida:** Este estatus se concede debido a circunstancias apremiantes. Los que más comúnmente obtienen el estatus de acción diferida son los cónyuges e hijos de víctimas de abusos, cuyas peticiones hayan sido aprobadas en conformidad con la Ley de la Violencia Contra las Mujeres (VAWA, sigla en inglés). La acción diferida no da lugar a una tarjeta verde. Sin embargo, los peticionarios que hayan sido aprobados tienen derecho independientemente a obtener una tarjeta verde.

- **Bajo palabra:** Éstas son personas a las que la CIS o la Aduana y Protección de Fronteras (CBP, sigla en inglés), o ambos organismos, les han permitido ingresar en EE.UU. por diversas razones. A estas personas les pueden conceder este estatus por tener un estado grave de salud que exija tratamiento en EE.UU., o por ser testigos de importancia en procesos penales, pero el ser admitido al país bajo palabra no conlleva la obtención de una tarjeta verde.

- **Estatus de protección temporal (TPS, sigla en inglés):** Éste es un estatus de inmigración temporal. No da lugar a la obtención de una tarjeta verde y se le concede a personas de países que EE.UU. considera demasiado peligrosos para regresar a ellos debido a conflictos armados (tales como Liberia y Somalia), desastres ambientales (tales como el terremoto gigantesco que afectó a El Salvador en 2001 y el huracán Mitch que azotó a Honduras y Nicaragua en 1998) u otras condiciones extraordinarias y temporales. Si a un país se clasifica como TPS, algunas personas de ese país que ya se encuentren en EE.UU. pueden permanecer aquí y obtener autorización para trabajar por un período de tiempo temporal. A los que les otorgan este estatus deben volverlo a solicitar todos los años.

  A principios de 2008, concedieron estatus de protección

temporal a ciudadanos de Burundi, El Salvador, Honduras, Nicaragua, Somalia y Sudán.

¿Cuáles son algunos medios para emigrar a Estados Unidos y obtener una tarjeta verde?

Existen muchas maneras en que las personas pueden llegar a convertirse en residentes permanentes. Algunas de las más comunes se explican a continuación:

- **Inmigración basada en la familia:** La gran mayoría de los residentes permanentes emigró a Estados Unidos valiéndose de un miembro de su familia que era ciudadano norteamericano o residente permanente. Más adelante en este libro encontrará los requisitos y el proceso a seguir.

- **Inmigración basada en el empleo:** Algunos trabajadores extranjeros que poseen destrezas singulares y la oferta de un empleador en EE.UU. pueden obtener residencia permanente si pueden probar que no desplazarán a un trabajador en EE.UU. o que son poseedores de una capacidad extraordinaria.

- **Estatus de asilado y refugiado:** Las personas que han sido perseguidas o pueden sufrir persecución debido a su raza, nacionalidad, creencias políticas, pertenencia a algún grupo social o religioso en particular y están determinados a convertirse en asilados o refugiados, pueden obtener su residencia permanente. Los que soliciten asilo o refugio deben poder mostrar que temen perjuicios de parte del gobierno de su país de origen, o de algún grupo que el gobierno no quiere o no puede controlar (por ejemplo, guerrillas o escuadrones de la muerte).

- **Cancelación de remoción:** Los individuos que están en proceso de deportación pueden conseguir que un juez de inmigración cancele esa deportación si han vivido en EE.UU. durante diez años continuos, tienen «moralidad y buena conducta» y pueden probar que su deportación de EE.UU. daría lugar a privaciones extraordinarias para un cónyuge, padre o hijo que sea ciudadano norteamericano o residente permanente. Los individuos a quienes se les concede la cancelación de la remoción obtienen residencia legal permanente.

ALERTA DE FRAUDE: Tenga cuidado si alguien le dice que es fácil obtener una tarjeta verde si usted ha estado en EE.UU. durante diez años. Eso es mentira y constituye una estafa común.

- **Lotería de visas por diversidad:** Los ganadores de una lotería de visas en países con bajos índices de inmigración a EE.UU. pueden obtener su residencia legal permanente. La lotería de la tarjeta verde, llamada oficialmente Programa de Lotería de Visas por Diversidad, ofrece unas 50.000 visas de inmigrantes al año a personas de países con bajos índices de emigración hacia Estados Unidos. Se incluyen los países que han enviado menos de 50.000 inmigrantes a Estados Unidos en los últimos cinco años. Personas de Canadá, China, Colombia, República Dominicana, El Salvador, Haití, India, Jamaica, México, Pakistán, Filipinas, Polonia, Rusia, Corea del Sur, Reino Unido y Vietnam no pueden participar porque provienen de países de los que han emigrado a Estados Unidos más de 50.000 personas en los últimos cinco años.

  A fin de tener derecho, uno debe: a) ser de un país que pueda participar en la lotería de visas; b) tener un diploma de escuela secundaria o un equivalente, o dos años de cierto tipo de experiencia laboral; c) participar de la lotería. No se cobra ninguna tarifa por participar. También puede participar desde Estados Unidos. La solicitud debe presentarse por Internet durante el período de inscripción que usualmente tiene lugar en los meses de otoño. Los ganadores son elegidos al azar entre todas las boletas válidas y se les permite que traigan a Estados Unidos a su cónyuge y a cualquier hijo soltero menor de 21 años de edad.

- **NACARA para Nicaragüenses, cubanos y nacionales del antiguo bloque soviético:** La Ley de Ajuste Nicaragüense y Alivio Centroamericano (NACARA, sigla en inglés) de 1997 ofrece residencia permanente a nacionales de Nicaragua o Cuba que hayan estado presentes físicamente en EE.UU. desde el 1 de diciembre de 1995, sean admisibles y hayan solicitado la residencia permanente antes del 1 de abril de 2000.

- **Justicia para los haitianos:** Los nacionales de Haití que se encuentren en EE.UU. desde 1995, y hayan presentado su solicitud antes de 2000, tienen derecho a la residencia permanente en conformidad con la Ley de Justicia Inmigratoria para Refugiados Haitianos (HRIFA, sigla en inglés)

- **Inscripción:** Las personas que han vivido ininterrumpidamente en EE.UU. desde el 1 de enero de 1972 pueden solicitar la residencia permanente en conformidad con el programa de inscripción. Para tener derecho a este programa, deben ser «admisibles» y deben poder probar «moralidad y buena conducta".

Alguien que es «admisible» puede ingresar legalmente en EE.UU. luego de la inspección o permiso de un agente de inmigración. Los que no son ciudadanos deben ser admisibles siempre que ingresen en EE.UU., soliciten una tarjeta verde o una visa. La ley de inmigración contiene una lista de cosas que harían a una persona excluible, algunas de las cuales usted podrá encontrar más adelante en este libro.

- **Ley de la Violencia Contra las Mujeres (VAWA, sigla en inglés):** Las personas que tienen derecho a inmigrar a Estados Unidos a través de un cónyuge, un progenitor, hijo o hija que sea ciudadano norteamericano o titular de una tarjeta verde, pero que no pueden hacerlo porque ese miembro de su familia los hace víctimas de abusos, pueden solicitar por sí mismos inmigrar a EE.UU. o permanecer en el país y recibir una tarjeta verde por su propio derecho. Véase el capítulo 3 para más información sobre la VAWA.

2

Cómo obtener ayuda de su familia

¿Cómo puede un miembro de mi familia ayudarme a venir a EE.UU.?

Para algunos candidatos a inmigrantes, los miembros de la familia pueden ser un valioso recurso para ingresar legalmente en EE.UU. Pero existen muchas normas, y no todos los miembros de la familia pueden ayudarlo. Este capítulo le mostrará lo que sus familiares pueden y no pueden hacer por usted.

¿Puede un miembro de mi familia en EE.UU. solicitar mi ingreso en el país de manera que yo pueda llegar a obtener mi tarjeta verde?

Los ciudadanos norteamericanos y los residentes permanentes (personas con tarjetas verdes) pueden ayudar a algunos miembros de sus familias a inmigrar a EE.UU. mediante reclamación o petición familiar en su nombre. Los ciudadanos de EE.UU. pueden ayudar a ingresar aquí a sus cónyuges, a sus hijos (independientemente de su estado civil), a sus hermanos y a sus padres. Los residentes permanentes pueden reclamar a sus cónyuges e hijos solteros.

Obtener una tarjeta verde (adquirir la residencia permanente) a través de un miembro de la familia es un proceso que toma dos pasos. En el primer paso, el ciudadano de EE.UU. o el residente permanente presenta una petición a favor del miembro de la familia. En el segundo paso, el miembro de la familia que inmigra presenta una solicitud para la tarjeta verde.

ADVERTENCIA: Los ciudadanos de EE.UU. y los residentes permanentes SÓLO pueden reclamar a los miembros de la familia que aparecen listados a continuación:

¿QUIÉN PUEDE RECLAMAR A QUIÉN?

Los ciudadanos de EE.UU. pueden reclamar a:	Los residentes permanentes pueden reclamar a:
Cónyuge	Cónyuge
Hijos e hijas solteros menores de 21 años	Hijos e hijas solteros menores de 21 años
Hijos e hijas solteros mayores de 21 años	Hijos e hijas solteros mayores de 21 años
Hijos e hijas casados menores de 21 años	
Hijos e hijas casados mayores de 21 años	
Padres (si el ciudadano norteamericano es mayor de 21 años)	
Hermanos y hermanas (si el ciudadano norteamericano es mayor de 21 años)	

Si el ciudadano norteamericano o residente permanente es alguien que abusa del miembro de la familia, éste puede a presentar *una petición por su propio derecho* conforme a la Ley de la Violencia Contra las Mujeres (VAWA), que la abordaremos más adelante en este capítulo.

¿Pueden ayudar los miembros de la familia con visas de no–inmigrante?

En algunos casos, el cónyuge y los hijos menores de edad del poseedor de una visa de no–inmigrante (temporal) pueden venir a EE.UU. con el titular principal de la visa. (Estos cónyuges e hijos deben responder a la definición de «cónyuges» e «hijos» que hacemos más adelante en este capítulo). Pueden hacer la solicitud al mismo tiempo que el titular, o pueden hacerla después. Al cónyuge y a los hijos del titular de la visa no necesariamente se les permite trabajar o estudiar en EE.UU. aun si al titular sí se le permite. Los cónyuges de titulares de visas, perderán el estatus que deriva de su visa si el matrimonio se acaba. Y si el titular principal de la visa se hace susceptible de deportación o de algún modo viola las estipulaciones de la visa, él o ella —así como el cónyuge y los hijos— perderán su estatus.

¿Cuál es el primer paso?

Para conseguir la aprobación de una petición, la familia debe probar que la persona que presenta la petición de la visa (el peticionario) es ciudadano norteamericano o residente legal, y que el miembro de la familia que quiere inmigrar (el beneficiario) tiene el nexo familiar requerido con el peticionario. A fin de probar la debida relación familiar, es importante comprender que la ley de inmigración tiene sus propias definiciones para las relaciones de familia.

¿Quién es «cónyuge» según la ley de inmigración?

Una persona que inmigre a EE.UU. gracias a sus nexos conyugales con un ciudadano norteamericano o un residente permanente debe probar dos cosas: que el matrimonio es válido y legal, y que es de buena fe (no un fraude). Una pareja está legalmente casada si el matrimonio es reconocido como válido en el lugar donde la pareja se casó, y cada uno de los contrayentes estaba en libertad de casarse. Si alguno de los cónyuges estuvo casado antes, debe presentar pruebas de que su matrimonio —o matrimonios— anterior estaba legalmente terminado antes de que se volviera a casar.

EJEMPLO: *Maribel y Ernesto han estado juntos por más de diez años. Tienen tres hijos, han vivido en California durante todo el tiempo que han estado juntos y comparten una casa y un negocio. Tuvieron una boda religiosa en una iglesia, pero ninguno solicitó una licencia matrimonial ni jamás se casó legalmente. Ellos se consideran casados, y la mayoría de sus amigos y familiares cree que lo están.*

Maribel tiene una tarjeta verde y quiere solicitar una para Ernesto, de manera que él pueda obtener la suya también. Sin embargo, puesto que en California una pareja debe estar legalmente *casada para que se le considere tal, el hecho de que la pareja viva en una relación consensual resulta insuficiente y, en consecuencia, para los fines de la ley de inmigración, Ernesto no es el marido de Maribel.*

Sólo en los siguientes estados: Alabama, Colorado, Kansas, Rhode Island, Carolina del Sur, Iowa, Montana, Oklahoma, Texas, el Distrito de Columbia y, en ciertos casos, Pensilvania y Utah, los llamados *matrimonios consensuales* —de derecho consuetudinario o concubinatos— le dan categoría de cónyuge a alguien con fines de inmigración.

Las parejas casadas deben someterse a un examen específico para probar que su matrimonio es real y que no se ha hecho tan sólo con propósitos migratorios. Deben probar que en el momento en que se casaron, su objetivo era crear una auténtica relación conyugal, y no cometer un fraude de inmigración. Las penas por presentar una petición de familia fraudulenta son muy severas e incluyen una posible sentencia de prisión, deportación y la imposibilidad permanente de llegar a obtener una tarjeta verde.

EJEMPLO: *Juan Miguel y Laura se hicieron buenos amigos en la universidad. Se acercaba la graduación y Juan Miguel se dio cuenta de que tendría que regresar a México cuando caducara su visa de estudiante. Aunque ellos no eran una pareja, Laura le propuso casarse con él para ayudarlo a conseguir su tarjeta verde. Ella pensaba que no había nada malo en casarse temporalmente con Juan Miguel para que él pudiera quedarse en Estados Unidos. Se casaron en el ayuntamiento y, para que el matrimonio pareciera más creíble, se mudaron juntos después de casados. Gracias a la convivencia, Juan Miguel y Laura se enamoraron y decidieron que querían seguir juntos. Luego, cuando Laura presentó la solicitud de residencia a favor de Juan Miguel en base al nexo familiar, encararon un serio problema porque en el momento de casarse ellos no tenían un matrimonio auténtico. La CIS toma muy en serio el fraude matrimonial (el casarse para obtener un beneficio de inmigración) y estará a la búsqueda de signos que lo revelen en la reclamación de Laura y en la entrevista de inmigración de Juan Miguel. Si la CIS descubre que Laura y Juan Miguel cometieron un fraude matrimonial, entonces Juan Miguel puede ser deportado y nunca más tendrá posibilidades de obtener una tarjeta verde.*

¿Qué es un «hijo» según la ley de inmigración?

La definición de *hijo*, según la ley de inmigración, incluye:

* Hijos legítimos nacidos en matrimonio.

* Hijastros, nacidos dentro o fuera de matrimonio, si el matrimonio que creó la relación adoptiva ocurrió antes de que el hijastro cumpliera 18 años.

* Hijos adoptados, si la adopción fue concluida antes de que el hijo o hija cumpliera los 16 años y el menor haya estado en la custodia física y legal de los padres adoptivos durante dos años.

* El hijo es huérfano y fue adoptado, en cuyo caso rigen normas menos severas.

* Hijos nacidos fuera de matrimonio. Si el peticionario es el padre, debe mostrar que el niño ha sido legitimado o reconocido por ese padre.

Para ser reclamado como hijo o hija por un miembro de la familia, la persona debe ser soltera y menor de 21 años de edad.

¿Qué son los hijos y las hijas (mayores de edad) para la ley de inmigración?

Una vez que el hijo o hija de un ciudadano norteamericano o de un residente permanente cumple 21 años o se casa, ese hijo ya no es considerado un hijo o hija menor o un niño o niña (*child*)[1]

---

[1] Esta distinción, susceptible de hacerse en inglés, entre *child* (que se traduce como «hijo» y «niño", y que conserva en muchos casos esa ambigüedad de sentido) y *son* y *daughter* es imposible en español, donde los términos «hijo» e «hija» no varían con el arribo de ninguna edad. La única distinción posible es la de añadir la explicación de «menores» y «mayores de edad". (N. del T.).

para los fines de inmigración, sino que ahora se convierte en *hijo* o *hija mayores de edad.* Esta es una importante distinción, porque el derecho a una tarjeta verde o la espera para obtenerla, o ambas cosas, pueden ser muy distintas entre un hijo menor y otro mayor de edad.

EJEMPLO: *Nora es residente permanente. Hace cuatro años presentó una petición, en base a nexos familiares, a favor de Carlos, su hijo de 25 años. Los hijos e hijas mayores de edad solteros de residentes permanentes deben esperar en la actualidad más de*

ADVERTENCIA: LA ADOPCIÓN POR UN CIUDADANO DE EE.UU. NO GARANTIZA LA CIUDADANÍA NORTEAMERICANA

Los hijos adoptados por ciudadanos norteamericanos se convierten automáticamente en ciudadanos *sólo* si se cumplen ciertos requisitos: deben ser adoptados antes de que hayan cumplido los 16 años y deben haber estado bajo la custodia física y legal de los padres adoptivos por lo menos durante dos años; aún deben ser menores de 18 años y deben estar en posesión de una tarjeta verde.

EJEMPLO: Elena era indocumentada. Un ciudadano norteamericano la adoptó cuando tenía 14 años. Su padre adoptivo presentó una petición en su nombre en base a nexos familiares y Elena se convirtió en residente permanente a los 17 años. En el momento en que recibió la residencia permanente, se convirtió automáticamente en ciudadana de EE.UU. porque para esa fecha ya llevaba dos años bajo la custodia legal y física de su padre adoptivo, quien la había adoptado cuando ella aún no había cumplido los 16.

diez años, después que la reclamación por nexos familiares haya sido aprobada, para obtener su tarjeta verde. Por lo tanto, Carlos debe esperar en su país de origen hasta que pueda solicitar su residencia permanente. La semana pasada, Nora recibió una carta de su hijo en la que le dice que él y su novia se casaron en un viaje romántico de fin de semana.

Desafortunadamente, Carlos ya no tiene derecho a ingresar en EE.UU. a través de su madre Nora, porque los residentes permanentes, a diferencia de los ciudadanos norteamericanos, no pueden reclamar a sus hijos e hijas casados. Nora tendrá que convertirse en ciudadana de EE.UU. para ayudar a que Carlos logre emigrar a Estados Unidos.

¿Quiénes son «hermanos» y «hermanas» según la ley de inmigración?

Las personas se consideran *hermanos* cuando tienen los mismos padres. Una relación de hermano o hermana también se contempla en la ley de inmigración cuando se comparte uno de los progenitores.

EJEMPLO: *José y Carlos tienen la misma madre, pero diferentes padres. Se les considera hermanos para los fines de inmigración.*

¿Cuáles son los «familiares cercanos» según la ley de inmigración?

Los familiares cercanos incluyen:

- Cónyuges de ciudadanos norteamericanos.
- Padres de un ciudadano norteamericano, si el hijo o la hija del ciudadano tiene 21 años o más.
- Hijos solteros de ciudadanos norteamericanos que sean menores de 21 años.

¿QUÉ ES LA LEY DE LA VIOLENCIA CONTRA LAS MUJERES?

La Ley de la Violencia Contra las Mujeres (VAWA) permite que las esposas, hijos y padres de ciudadanos norteamericanos y residentes permanentes, que hayan sido víctimas de maltratos por parte de éstos, obtengan autorización para trabajar y beneficios públicos y el derecho a permanecer en el país, así como el estatus de residentes permanentes. Los ciudadanos norteamericanos y residentes permanentes pueden reclamar a ciertos miembros de su familia mediante una «petición de visa de familia». Sin embargo, en algunas relaciones familiares abusivas, el miembro de la familia con estatus legal se vale de su condición migratoria para ejercer control sobre los miembros de su familia que se encuentran indocumentados a los cuales amenaza con llamar a las autoridades de inmigración y con rehusar hacerles los debidos trámites de inmigración. La VAWA permite que una esposa, o el hijo menor de un ciudadano norteamericano o de un residente permanente, que sea víctima de maltratos por parte de éste, o que el padre o la madre de un hijo o hija mayor de edad que sea ciudadano(a) estadounidense y a quien éste(a) maltrate, solicite *por sí mismo* la legalización de su estatus migratorio sin el conocimiento o la cooperación del victimario.

¿CUÁLES SON LOS REQUISITOS, SEGÚN LA VAWA, PARA HACER UNA PETICIÓN POR SÍ MISMO O POR SU PROPIO DERECHO?

- El victimario (o abusador) es o era ciudadano norteamericano o residente permanente de EE.UU.
- El maltrato responde a la definición, establecida por las autoridades de inmigración, de agresión o extrema crueldad.
- El peticionario vivió con el victimario en algún momento.

- El peticionario es persona de moralidad y buena conducta.
- Si el peticionario es un cónyuge:
  - El peticionario está o estuvo legal y legítimamente casado con el victimario que es ciudadano norteamericano o residente permanente.
  - El matrimonio fue «de buena fe» y no sólo para obtener un beneficio de inmigración.
  - El maltrato ocurrió durante el matrimonio.
- Si el peticionario es un hijo (o hija) menor de edad:
  - El peticionario debe caber en el criterio de hijo (o hija) menor de edad (*child*) según la ley de inmigración.
  - Algunos hijos mejores de edad pueden tener derecho a acogerse a la VAWA, aun si ellos mismos no fuesen víctimas de maltrato, en el caso de que su solicitud se derive de la petición de que, por su propio derecho, haya hecho uno de sus padres al acogerse a la VAWA.
- Si el peticionario es un progenitor (padre o madre):
  - El victimario es o fue ciudadano norteamericano (si los padres son víctimas de maltratos de parte de hijos que sólo son residentes permanentes, no tienen derecho).

Los familiares cercanos pueden obtener rápidamente sus tarjetas verdes porque no tienen que esperar para solicitarla. Sólo deben esperar el tiempo que lleve a las autoridades de inmigración procesar su solicitud. Tampoco hay límites en el número de personas que pueden obtener tarjetas verdes si se les reconoce su condición de familiares cercanos.

Ningún familiar de residentes permanentes se considera familiar cercano según la ley de inmigración. Por consiguiente, todos los miembros de la familia de los residentes permanentes con una reclamación de inmigración aprobada en base a nexos familiares tendrá que esperar durante algún tiempo antes de solicitar una tarjeta verde. Estos períodos de espera dependen de los límites en el número que se permite cada año en cada categoría (véase más adelante las categorías de preferencia) y los retrasos en procesar los casos.

Tengo una tarjeta verde y quiero presentar una petición de inmigración a favor de algunos miembros de mi familia. ¿Cuándo debería presentar una reclamación para que mis familiares inmigren?

Debería presentar la petición de visa tan pronto como tenga derecho legal a hacerlo, porque sus parientes obtendrán una fecha prioritaria tan pronto como la presente y un tiempo menor de espera que si usted hace la reclamación más tarde.

¿Qué pasa si reclamo a mis familiares demasiado pronto?

Si usted presenta una solicitud de inmigración —tal como la solicitud de una tarjeta verde— antes de tener ese derecho, la CIS rechazará la solicitud y se la devolverá.

¿Puedo vivir legalmente en Estados Unidos y conseguir un permiso de trabajo después de que aprueben mi petición de visa?

No, que la CIS apruebe una petición basada en nexos de familia no le da necesariamente a usted el derecho a vivir o trabajar en EE.UU. mientras se encuentra a la espera de solicitar una tarjeta verde. Una excepción a esta norma se ofrece mediante la visa V, que describimos más adelante. Asimismo, algunos familiares cercanos podrán vivir y trabajar legalmente en EE.UU. mientras esperan recibir su tarjeta verde.

¿Cuáles son las posibles consecuencias si trabajo o vivo en EE.UU. sin permiso mientras espero para solicitar una tarjeta verde?

Si vive o trabaja en EE.UU. sin permiso, las leyes de inmigración estipulan que usted podría ser arrestado por funcionarios de inmigración y deportado en cualquier momento. Usted no tiene ningún derecho a su empleo, de manera que podría ser despedido y perder su derecho a obtener una tarjeta verde.

¿Qué es una visa V?

La visa V brinda uno de los pocos medios por los cuales una persona con una reclamación familiar aprobada puede vivir legalmente en EE.UU. y ser autorizado a trabajar antes de tener derecho a solicitar una tarjeta verde.

Los cónyuges e hijos (solteros y menores de 21 años) de residentes permanentes cuyas reclamaciones por nexos familiares se hayan presentado hasta el 21 de diciembre de 2000, y que han estado esperando durante tres años o más pueden solicitar la visa V ya vivan dentro o fuera de Estados Unidos y posean o no un estatus migratorio. Una vez que les concedan la visa, les darán permiso para residir y trabajar en EE.UU. hasta por un plazo de dos años. Los poseedores de una visa V deben extender su estatus a fin de conservar su derecho a un ajuste de estatus.

EJEMPLO: *Carmelo reclamó a su esposa Josefina en noviembre de 2000. En noviembre de 2003, Josefina tenía derecho a solicitar una visa V por la cual le concedían permiso de residir y trabajar en EE.UU.*

A fin de llenar los requisitos para la visa V, un hijo menor de edad tiene derecho a la visa cuando él o ella alcanza el límite de los tres

ADVERTENCIA: La visa V no ofrece de manera automática un camino a la tarjeta verde para aquellos indocumentados que recibieron esta visa pero residieron en EE.UU. por más de 180 días. Si se encuentra en esta situación, debe consultar con un abogado con experiencia en asuntos de inmigración o con un representante acreditado.

ADVERTENCIA: INFÓRMELE A LA CIS SI CAMBIA DE DIRECCIÓN

La ley estipula que usted debe notificar a la CIS su cambio de dirección en el transcurso de diez días. Usted cumple con este requisito al rellenar el formulario AR-11 de la CIS. Este formulario puede descargarlo de la página Web de la CIS en www.uscis.gov e incluye una dirección para presentarlo. De ser posible, envía el AR-11 por correo certificado, con recibo de entrega y haga una copia del AR-11 como prueba de que presentó el formulario. Es de especial importancia notificar a la CIS su cambio de dirección si tiene una solicitud pendiente con ellos, de manera que pueda estar seguro de recibir cualquier notificación que la CIS le envíe. Si tiene una solicitud pendiente con la CIS, DEBE llenar un formulario de cambio de dirección, TANTO con la dirección de la oficina que aparece en el formulario COMO de la oficina de la CIS donde su solicitud está pendiente. Si no lo hace, no recibirá la información que necesita y podrían denegarle su solicitud.

años de espera, no simplemente la fecha del 21 de diciembre de 2000.

EJEMPLO: *Carmelo reclamó a su hija en noviembre de 2000, cuando ella tenía 20 años. Su visa estaba pendiente de que se cumplieran los tres años requeridos en noviembre de 2003. Sin* *embargo, debido a que ella ya era mayor de 21 años para esa fecha, no tenía derecho a obtener una visa V.*

EJEMPLO: *Andrea reclamó a su hijo el 15 de diciembre de 2000. El hijo de Andrea tenía 17 años en ese momento. Su visa estuvo pendiente por los tres años que manda la ley en diciembre de 2003. En ese momento, él tenía 20 años, así que tenía derecho a que le concedieran una visa V. Él puede mantenerse en ese estatus de la visa V hasta que tenga derecho a solicitar su tarjeta verde, aunque cumpla 21 años antes, porque en el momento en que solicitó y obtuvo su visa V era menor de 21, y siempre que se acuerde de extender su estatus de visa V antes de que caduque.*

¿Cuáles son los beneficios de obtener una tarjeta verde?

Los beneficios de obtener una tarjeta verde son enormes, incluido el derecho a vivir y trabajar permanentemente en EE.UU. y el derecho a reclamar a su cónyuge e hijos solteros menores de edad.

Hay dos maneras de convertirse en residente permanente u obtener una tarjeta verde. Una, llamado ajuste de estatus, es un proceso que ocurre dentro de Estados Unidos. Sólo ciertas personas tienen derecho a un ajuste de estatus. La segunda manera es llamada un procedimiento consular, y exige que el solicitante de una tarjeta verde viaje a su país natal y asista a una entrevista de visa de inmigrante en el consulado norteamericano de ese país.

¿Cuáles son los requisitos para obtener una tarjeta verde mediante una reclamación basada en un nexo de familia?

Si le han aprobado una reclamación inmigratoria en base a nexos familiares, su próximo paso es solicitar una tarjeta verde. Usted presenta su solicitud de la tarjeta verde por su propio derecho. Deberá presentar ciertos documentos, fotografías y los formularios de inmigración, además de pagar las tarifas que se asocian con los formularios. También tendrá que tomarse las huellas dactilares, someterse a un examen médico y dar pruebas de que usted no es excluible (hay una lista de cosas que podrían impedirle entrar en EE.UU. y obtener una tarjeta verde, la cual abordaremos más adelante en este capítulo).

Algunas personas pueden obtener un tarjeta verde muy pronto después de que le aprueban su reclamación familiar. Otros puede que tengan que esperar hasta diez o doce años o más antes de que puedan solicitar la tarjeta verde. El tiempo que la persona debe esperar depende de un número de factores que incluyen el país de nacimiento y qué clase de reclamación familiar se presentó. Estas variaciones se conocen como categorías preferenciales, y las trataremos en detalle a continuación.

Como último paso, tendrá que asistir a una entrevista.

¿Cuáles son las «categorías preferenciales"?

Si usted no es un familiar inmediato (el cónyuge, el padre o el hijo de un ciudadano norteamericano), y le han aprobado una reclamación válida en base a nexos familiares, caería en una de las diferentes *categorías preferenciales*. Las personas que caen en las categorías preferenciales casi siempre se enfrentan a períodos de espera más largos para obtener una tarjeta verde que los familiares cercanos, porque hay sólo un número limitado de plazas disponibles cada año en cada categoría familiar. Sírvase advertir que no hay categorías para todas las clases de parentesco. Por ejemplo, no existe ninguna categoría a través de la cual un tío o un primo podría inmigrar a Estados Unidos.

Hay cuatro diferentes categorías preferenciales, cada una con diferentes tiempos de espera.

- **Primera categoría preferencial:** La primera preferencia la integran los hijos e hijas solteros y mayores de edad de ciudadanos norteamericanos. Según su país de origen, las personas de la primera preferencia deben esperar entre seis y dieciséis años antes de que puedan solicitar una tarjeta verde. Anualmente hay 23.400 plazas disponibles en esta categoría.

EJEMPLO: Elizabeth tiene 23 años y es soltera. Su madre es ciudadana norteamericana. Elizabeth caería en la primera categoría preferencial, en lugar de ser considerada como un familiar cercano, porque es mayor de 21 años.

- **Segunda categoría preferencial:** La segunda preferencia la integran los miembros de la familia (cónyuges e hijos solteros menores y mayores de edad de residentes permanentes). Hay 114.200 visas disponibles al año en esta categoría, más el número (si es que hay alguno) por el cual el nivel de preferencia familiar en todo el mundo sobrepasa los 226.000, y cualquier número de la primera preferencia que no se haya usado. Existen dos subcategorías en esta preferencia: las categorías 2–A y 2–B:

  —Categoría 2–A: Los cónyuges e hijos (solteros y menores de 21 años) de un residente permanente. En dependencia de su país de origen, las personas incluidas en la categoría 2–A deben esperar alrededor de cinco años antes de que puedan solicitar una tarjeta verde.

  —*Categoría 2–B:* Los hijos e hijas solteros y mayores de 21 años de edad, de residentes permanentes. Si usted es hijo o hija de un residente permanente y se casa antes de obtener su tarjeta verde, no tendrá derecho a solicitarla en esta categoría. Las personas de la categoría 2–B deben esperar entre nueve y dieciséis años, dependiendo de su país de origen, antes de que puedan solicitar una tarjeta verde.

Esta categoría constituye el 23 por ciento de la totalidad de la segunda limitación preferencial.

EJEMPLO: *La madre de Carlos, de 30 años de edad y soltero, es residente permanente. Si Carlos se casa no tendría derecho a obtener una tarjeta verde a través de su madre.*

- **Tercera categoría preferencial:** La tercera preferencia la integran los hijos e hijas casados, de cualquier edad, de un ciudadano norteamericano. Según su país de origen, las personas incluidas en la tercera categoría preferencial deben esperar entre ocho y diecisiete años antes de que puedan solicitar una tarjeta verde.

EJEMPLO: *María tiene 45 años, es casada, y su madre es ciudadana norteamericana. María cae en la tercera categoría preferencial.*

- **Cuarta categoría preferencial:** La cuarta preferencia la integran los hermanos y hermanas de ciudadanos norteamericanos. Su hermano o hermana ciudadano(a) norteamericano(a) debe tener al menos 21 años de edad. Tanto usted como su hermano o hermana ciudadano(a) norteamericano(a) deben tener al menos uno de sus padres en común. En la actualidad, el tiempo que las personas incluidas en esta categoría deben esperar antes de que puedan solicitar una tarjeta verde oscila entre once y veintidós años, según el país de origen.

ALERTA DE FRAUDE: Cuídese de cualquiera que le pida dinero a cambio de reducir el tiempo que debe esperar para obtener su tarjeta verde. Tal persona puede ser un fraude, y esto es una estafa común.

¿Qué es una fecha prioritaria?

Si va a inmigrar a través de una de las categorías preferenciales, la fecha en la cual la CIS *recibe* la petición de visa I–130 con que el miembro de su familia lo reclama se convierte en su fecha prioritaria una vez que la CIS apruebe la petición. (Tenga presente que puede recibir una notificación de la CIS de que han recibido su petición, pero no recibirá una notificación de aprobación hasta varios meses, o incluso años, después). Su fecha prioritaria es muy importante: establece su «lugar en la cola» y, por consiguiente, cuánto tiempo tendrá que esperar antes de que pueda solicitar una tarjeta verde.

El Departamento de Estado (DE) ha creado una tabla, llamada el boletín de visas, que indica cuánto deben esperar las personas incluidas en las categorías preferenciales antes de que puedan obtener su tarjeta verde. Esta tabla se actualiza mensualmente y lista las fechas prioritarias para los diferentes países y categorías preferenciales. Hay una fecha prioritaria (que puede cambiar mensualmente) para cada categoría preferencial para la mayoría de los países. Para más información puede consultar la página web de la CIS http://www.uscis.gov o la siguiente tabla:

Categoría preferencial	Todos los países excepto China, India, México y Filipinas	China	India	México	Filipinas
1ra.	Mar. 15, 2002	Mar. 15, 2002	Mar. 15, 2002	Jul. 22, 1992	Mar. 15, 1993
2A	Jul. 15, 2003	Jul. 15, 2003	Jul. 15, 2003	May. 1, 2002	Jul. 15, 2003
2B	Ago. 1, 1999	Ago. 1, 1999	Ago. 1, 1999	Abr. 8, 1992	Feb. 22, 1997
3ra.	Jun. 8, 2000	Jun. 8, 2000	Jun. 8, 2000	Ago. 1, 1992	Abr. 1, 1991
4ta.	Ago. 22, 1997	Feb. 1, 1997	Feb. 1, 1997	Dic. 15, 1994	Mar. 8, 1986

La fecha prioritaria que aparece asociada a su categoría preferencial y a su país le indicará si tiene derecho a solicitar tarjeta verde. Si su fecha prioritaria es antes de la fecha que aparece en el boletín de visas, usted puede solicitar su tarjeta verde.

EJEMPLO: *Maribel es de México y su esposo tiene una tarjeta verde. Su marido presentó una reclamación a favor de ella en inmigración, y su fecha prioritaria es el 18 de febrero de 2004. Es el 10 de junio de 2008 y Maribel quiere saber si ya puede solicitar su tarjeta verde.*

Maribel inmigraría conforme a la categoría 2A, puesto que es la esposa del poseedor de una tarjeta verde. Si se fija en el boletín de visas de junio de 2008, verá que la categoría 2A para México tiene la fecha prioritaria del 1 de mayo de 2002. Por tanto, las personas con una fecha prioritaria del 1 de mayo de 2002, o previa a ésta, ya pueden solicitar su tarjeta verde. Maribel no tiene derecho aún. Puede que pasen varios años más antes de que pueda solicitar su tarjeta verde.

¿Cómo encuentro mi fecha prioritaria en el boletín de visas?

Usted puede encontrar en la Internet las fechas actuales en el Boletín de Visas yendo a http://travel.state.gov/visa/frvi/bulletin/bulletin_1360.html o llamando al 202–663–1541 y escuchando un mensaje grabado en inglés.

¿Por qué las personas de algunos países tienen que esperar tanto tiempo para obtener una tarjeta verde?

Algunos países tienen fechas prioritarias más inmediatas, lo que da lugar a mayores listas de espera, porque la ley dice que sólo un cierto número de visas de preferencia pueden expedirse por país cada año. Debido a que EE.UU. limita anualmente el número de personas que pueden entrar y convertirse en residentes permanentes, hay una larga fila de personas que esperan venir a EE.UU. provenientes de ciertos países, entre los que se incluyen México, Filipinas, India y China. Su espera podría ser de entre uno a doce años, o incluso más larga, según el país de donde proceda, y la categoría preferencial a la cual se ajuste. Sin contar que los retrasos de los trámites podrían aumentar aún más su tiempo de espera.

En conformidad con la legislación vigente, sólo pueden expedirse 480.000 visas anuales por reclamación familiar. De esas 480.000 visas, no hay límites en el número de visas que pueden expedírsele a familiares cercanos, de manera que éstas últimas dan cuenta de gran parte de las visas que se expiden. Sin embargo, la ley dice que al menos 226.000 visas deben adjudicarse a reclamaciones familiares para miembros de la familia que no sean familiares cercanos. De esas 226.000 visas, sólo el 7 por ciento de ellas pueden aplicarse a un país específico.

EJEMPLO: *En cualquier año, es frecuente que haya un total de 226.000 visas disponibles para personas que quieren ingresar en EE.UU. en base a reclamaciones familiares. A este número se agregan otras 140.000 para reclamaciones de empleo. Del total de 366.000 visas disponibles para todo el mundo, sólo 25.620 (el 7 por ciento) puede destinarse a un país específico. Algunos países —como México y Filipinas— suelen tener muchos más individuos con derecho a obtener visas que los límites de esos países. Esto crea una congestión de personas a la espera de obtener una visa.*

De las 226.000 visas disponibles para los que se encuentran en las categorías preferenciales, también existe un límite en el número de visas por categoría preferencial. Alrededor de un 10 por ciento de ellos son para los que se encuentran en la pri-

mera preferencia; aproximadamente el 51 por ciento para los de la segunda preferencia; alrededor de un 10 por ciento para los de la tercera preferencia; y alrededor de un 29 por ciento para los de la cuarta preferencia.

Finalmente, aunque una visa esté disponible, puede haber trá–mites u otros problemas en el consulado o en la oficina de la CIS que den lugar a otros retrasos.

¿Cómo ayudo a un miembro de la familia a solicitar una tarjeta verde?

Una vez que se aprueba la petición de visa y cuando llega la fecha prioritaria, usted, como miembro de la familia que no es ciudadano, puede solicitar una tarjeta verde en base a la petición de visa. Usted tiene que probar no sólo su relación con la persona que hizo la petición, sino que es admisible en EE.UU. Si el gobierno encuentra que usted es inadmisible, las autoridades podrían no sólo denegarle su solicitud de la tarjeta verde, sino también deportarlo. Es importante que vea a un abogado con experiencia en cuestiones de inmigración o a un representante acreditado para lidiar con el trámite de la tarjeta verde, y especialmente lo relacionado con la inadmisibilidad y las dispensas.

EJEMPLO: *Susana, ciudadana norteamericana, hizo una petición por nexos familiares con una solicitud de ajuste (la solicitud de una tarjeta verde) a favor de su esposo Juan, que ingresó legalmente en el país pero que optó por quedarse luego de que su visa se venció. Debido a que Juan ha sido encontrado culpable de dos cargos de fraude, él es inadmisible. Sin embargo, hay una dispensa para este fundamento de inadmisibilidad, al cual Juan se acogió. La CIS recibe la petición de dispensa y le contesta a Juan y a Susana que decidirán si se la conceden. Tres meses después, la*

CIS rechaza la dispensa. Por consiguiente, la CIS le negará a Juan su solicitud de inmigración, y puede colocarlo en trámite de remoción o deportación.

Si obtengo la tarjeta verde a través de un familiar, ¿pueden mi cónyuge y mis hijos inmigrar conmigo?

Probablemente sí. Si ingresa en EE.UU. a través de un miembro de su familia, probablemente podrá traer con usted a su cónyuge y a sus hijos solteros y menores de 21 años. Sin embargo, el trámite es muy diferente para los familiares cercanos que para aquellos que inmigran a través de categorías preferenciales.

¿Cómo puedo inmigrar con mi cónyuge e hijos si soy un familiar cercano?

Si usted es un familiar, no puede traer consigo a EE.UU., de manera automática, a su cónyuge y a sus hijos. Pero ellos podrían ingresar al país al mismo tiempo que usted si el miembro de su familia que es ciudadano norteamericano los reclama directamente.

EJEMPLO: *Por ser Olaya esposa de Jack, que es ciudadano norteamericano, ella es un familiar cercano. Le gustaría inmigrar a EE.UU. valiéndose de Jack, y traer consigo a su hija Charlotte que tiene siete años y es de un matrimonio anterior. Como Olaya y Jack se casaron antes de que Charlotte cumpliera 18 años, Charlotte es la hijastra de Jack para fines de inmigración. Por tanto, Jack puede reclamar a Charlotte como un familiar cercano (la hija de un ciudadano norteamericano), así como a su esposa Olaya.*

¿Cómo puedo inmigrar con mi cónyuge y mis hijos si lo hago a través de categorías preferenciales?

Si está inmigrando a través de categorías preferenciales, su cónyuge e hijos pueden incluirse en su reclamación y pueden obtener su tarjeta verde al mismo tiempo que usted. A fin de que ellos tengan derecho, su cónyuge debe estar aún casado(a) con usted, y sus hijos debe ser solteros y menores de 21 años en el momento en que usted obtuvo su tarjeta verde. Algunos hijos mayores de 21 pueden tener derecho conforme a la llamada Ley de Protección del Estatus del Niño, que abordamos a continuación.

> **ALERTA DE FRAUDE:** Cuídese de cualquiera que le diga que puede conseguirle su tarjeta verde rápidamente. Tal persona puede tener intenciones de cometer fraude.

Para algunas personas, la espera para solicitar una tarjeta verde resulta tan larga que temo que si la solicito ahora para mis hijos, serán mayores de 21 años cuando tengan derecho a ella. ¿Qué ocurre entonces?

Una ley llamada Protección del Estatus del Niño permite que algunas personas soliciten su tarjeta verde como menores de edad, aun después de haber cumplido 21 años. Debido a que esta ley es muy complicada, debe dirigirse a un abogado con experiencia en cuestiones de inmigración o a un representante acreditado, si se enfrenta a esta situación.

¿Qué clase de problemas pueden impedirme la obtención de una tarjeta verde y hacerme inadmisible?

La ley de inmigración incluye una lista de razones —legalmente llamada *las razones de exclusión*— que impedirían que una persona fuese admitida en EE.UU. y obtuviera una tarjeta verde. Si usted tiene algunos de los problemas que aparecen listados a continuación, busque la ayuda de un abogado con experiencia en cuestiones de inmigración o de un representante acreditado antes de comenzar el proceso para obtener una tarjeta verde. Entre las razones de exclusión se encuentran:

- Tener ciertas enfermedades contagiosas, tales como tuberculosis en estado activo, VIH, gonorrea y sífilis.
- No tener las vacunas adecuadas.
- Presentar trastornos físicos o mentales que representen un peligro para usted o para otras personas (esto puede incluir el alcoholismo).
- Ser adicto a las drogas o consumirlas.
- Ayudar a otras personas a entrar ilegalmente en Estados Unidos (llamado también *contrabando de extranjeros*).
- Mentir o cometer fraude para obtener un beneficio de inmigración, tales como una visa, un ingreso a Estados Unidos o una tarjeta verde.
- Mentir haciéndose pasar por ciudadano norteamericano.
- Depender del dinero del bienestar social o de haber vivido por largo tiempo a expensas del gobierno (ser una *carga pública*).
- Constituir una amenaza para la seguridad nacional (por ejemplo, espías, terroristas, nazis y otros).
- Ser un evasor o desertor del servicio militar obligatorio.
- Votar ilegalmente.
- Ser un polizón.
- Venir a Estados Unidos a practicar la poligamia.
- Entrar en Estados Unidos sin permiso.
- Permanecer en Estados Unidos sin permiso.
- Abandonar Estados Unidos y luego reingresar o solicitar legalmente el reingreso, luego de haber vivido en Estados Unidos ilegalmente.
- Tener una orden de deportación o remoción del país.
- Tener una sanción penal por cierta clase de delitos o reco–

nocer el haber cometido cierta clase de delitos (esto incluye asalto con un arma mortal, violación, fraude, incendio voluntario, asesinato y algunos otros delitos menos graves).

- Tener algo en su pasado que le diera a inmigración una razón para creer que usted ha participado en la venta de drogas.

ADVERTENCIA: Antes de iniciar los trámites de solicitud de su tarjeta verde, debe reunirse con un abogado con experiencia en cuestiones de inmigración o con un representante acreditado para ver si a usted podrían aplicarle alguna de las razones de exclusión.

¿Cómo puede saber la CIS si usted tiene algunos de estos problemas o si tiene antecedentes penales?

Muchas solicitudes de inmigración exigen la toma de huellas dactilares, de manera que la CIS pueda llevar a cabo una verificación de sus antecedentes penales. Si usted obtiene una copia de su informe del FBI, verá parte de la información que la CIS recibirá a partir de sus huellas dactilares. Usted sólo puede solicitar del FBI una copia de su propia verificación de antecedentes, no la de nadie más.

Para solicitar su verificación de antecedentes del FBI, envíe una carta en la que pida revisar personalmente su verificación de antecedentes e incluya su dirección postal (o la de un amigo o alguna otra persona que le pueda recibir su correspondencia), una copia de sus diez huellas dactilares y un giro postal o cheque certificado por 18 dólares a la orden del *Treasury of the United States* (Tesorería de los Estados Unidos) y diríjala a *FBI CJIS Division— Record Request, 1000 Custer Hollow Road, Clarksburg, VA 26306.* Espere alrededor de 8 a 10 semanas antes de recibir una respuesta. Si está cerca de una fecha tope y necesita la verificación de antecedentes con mayor rapidez, mencione este hecho en su carta y en el sobre.

Si una o más de estas razones de exclusión se aplica mi caso, ¿puedo hacer algo?

En algunos casos puede obtener una *dispensa*, que es una forma de perdón del gobierno, por algunas de las razones de exclusión. Es en esencia como si la CIS dijera: «aunque podríamos negarle la entrada en Estados Unidos, usted ha probado que merece ser admitido y hemos decidido dejarle inmigrar». No todas las razones de exclusión pueden ser disculpadas. Si necesita solicitar una dispensa, debe buscar ayuda de un abogado con experiencia en cuestiones de inmigración o de un representante acreditado. Muchas de las dispensas exigen que el solicitante pruebe que uno de sus padres o su cónyuge, siendo ciudadano norteamericano, sufriría extremas privaciones si el solicitante fuera deportado a su país de origen.

EJEMPLO: *Gloria está en los trámites de solicitar su tarjeta verde. Hace cinco años la condenaron por prostitución. La ley de inmigración dice que Gloria es inadmisible porque cometió actos de prostitución en el transcurso de los últimos diez años. Gloria es afortunada, sin embargo, de que pueda acogerse a una dispensa. Si la CIS le concede la dispensa, le habrá disculpado o perdonado su delito. Luego la solicitud de Gloria puede ser aprobada. Si la CIS le niega la dispensa, le denegará su solicitud de tarjeta verde y puede deportarla.*

EJEMPLO: *Juan solicita su tarjeta verde a través de su esposa que es ciudadana de EE.UU. Alguien lo ayudó a llenar los formularios, pero esa persona no conocía las leyes de inmigración. La última vez que Juan entró en Estados Unidos con su visa de turista en 1996, le mintió al funcionario de inmigración, al decirle que* venía para una visita breve, cuando en realidad él regresaba para reanudar su residencia (ilegal) de cinco años en Estados Unidos. Este acto lo hace inadmisible debido a falsificación substancial. Una falsificación substancial es la que podría haber alterado la decisión del funcionario de inmigración respecto a si a Juan debían haberle permitido la entrada. Era substancial porque si Juan le hubiera dicho al funcionario la verdad, éste no lo habría dejado regresar a EE.UU. ya que el propósito de Juan no era venir de visita. Juan puede tener derecho a una dispensa si puede demostrar que su esposa sufriría privaciones extremas si a él le niegan la tarjeta verde. Si el CIS le niega a Juan su solicitud de dispensa, la solicitud de la tarjeta verde le será denegada, y si Juan ya se encuentra en EE.UU. existe la probabilidad de que sea deportado.

¿Dónde tendré que ir para la entrevista de mi tarjeta verde?

La entrevista de su tarjeta verde puede tener lugar en Estados Unidos o en un consulado norteamericano de su país natal. Si usted ya vive en EE.UU. y tiene derecho a tener su entrevista de la tarjeta verde aquí, lo hará a través del Ajuste de Estatus (lo cual abordaremos a continuación) en EE.UU. No todo el que se encuentra en EE.UU. tiene derecho a esto. Sin embargo, si usted lo tiene, resulta útil porque significa que puede permanecer en Estados Unidos durante el proceso y si se la deniegan podría encontrar algún modo de permanecer en el país.

Si en la actualidad usted vive en el extranjero, pasará a través del proceso consular. En consecuencia, deberá presentar su solicitud y ser entrevistado en un consulado de EE.UU. en su país natal.

EJEMPLO: *Bernardo se encuentra en EE.UU. con una visa de estudiante. Su mujer Cynthia es ciudadana norteamericana y ha* *presentado una petición (para que él obtenga la tarjeta verde) por razón de nexos familiares. Él no tendrá que salir de Estados Unidos para obtener su tarjeta verde y puede ser entrevistado con ese fin en la oficina local de la CIS.*

EJEMPLO: *Carlos es un residente permanente que ha reclamado por razón de nexos familiares a su esposa que vive en Guadalajara, México. Ella está a la espera de su fecha prioritaria, según la categoría preferencial 2A, en el boletín de visas del Departamento de Estado. Cuando se encuentre al corriente, ella tendrá su entrevista para la tarjeta verde en el consulado norteamericano de Ciudad Juárez.*

¿Cuáles son los requisitos que debo cumplir para quedarme en Estados Unidos y obtener mi tarjeta verde (ajuste de estatus)?

Para tener derecho a un ajuste de estatus, y tener la entrevista de su tarjeta verde en Estados Unidos, debe vivir en el país y cumplir con *uno* de los siguientes requisitos:

1. Haber entrado legalmente en EE.UU. (es decir, con el permiso de las autoridades de inmigración) y residir legalmente en el país.
2. Haber entrado legalmente en EE.UU. e, independientemente de si aún se encuentra legalmente en el país, caer en la categoría de «familiar cercano».
3. Haber entrado ilegalmente a EE.UU. o si ya no se encuentra legalmente aquí y un familiar suyo ha presentado una petición de visa a favor suyo para el 30 de abril de 2001. Hay requisitos adicionales para aquellos cuya petición de visa se presentó después del 14 de enero de 1998, y antes del 30 de abril de 2001, o hasta en esta última fecha. Con ex-

cepción de unas pocas situaciones, debe pagar una multa adicional de 1.000 dólares si cae en esta categoría, la cual fue creada por la ley llamada Sección 245(i). Debe consultar a un abogado con experiencia en cuestiones de inmigración o a un representante acreditado si cree que pudiera tener derecho conforme a esta sección.

EJEMPLO: *Elizabeth entró en EE.UU. proveniente de Perú con una visa de turista. Su visa caducó en 2003, pero ella permaneció en el país. Ahora está casada con un ciudadano norteamericano, pero es indocumentada. Podrá tener su entrevista de la tarjeta verde en EE.UU. porque originalmente ingresó en el país con permiso y, como el marido es ciudadano norteamericano, es un familiar cercano.*

EJEMPLO: *Armando cruzó la frontera sin permiso en 1994 y ha estado en EE.UU. sin documentos desde entonces. En 1999, se casó con una residente permanente quien presentó una petición a favor de él en base a nexos familiares en julio de ese año. Cuando Armando solicite su tarjeta verde, podrá hacerlo en EE.UU. y tendrá su entrevista aquí, por el derecho que le otorga la Sección 245(i). Pero tendrá que pagar una multa de 1.000 dólares para tener derecho a acogerse a ese beneficio.*

¿Qué pasa si estoy en Estados Unidos con una petición familiar aprobada, pero no tengo derecho a tener la entrevista de la tarjeta verde aquí? ¿Qué me ocurre entonces?

Si no tiene derecho a quedarse en EE.UU. para tener aquí su entrevista de la tarjeta verde, debe regresar a su país de origen a tramitar su solicitud. Existen potencialmente grandes riesgos al hacer eso si usted es indocumentado porque puede encarar el impedimento por presencia ilegal al salir de EE.UU., aun si tiene una petición familiar aprobada u otros méritos para obtener una tarjeta verde.

EJEMPLO: *Saúl vino de México a EE.UU. con una visa de estudiante. Una vez que su visa caducó, él decidió quedarse aquí y ha estado indocumentado durante tres años. A principios de este año se casó en EE.UU. con la poseedora de una tarjeta verde. Su esposa puede presentar una petición familiar a favor de Saúl. Sin embargo, cuando tenga derecho a solicitar su tarjeta verde, tendrá que solicitarla a través de un consulado norteamericano en México, porque, aunque ingresó legalmente en EE.UU., no tiene la categoría de familiar cercano. Tampoco tiene derecho a acogerse a la Sección 245(i) porque su esposa no presentó su petición a su favor antes del 30 de abril de 2001. Por consiguiente, deberá ir a México para la entrevista de su tarjeta verde y se verá sujeto al impedimento por presencia ilegal que le impedirá el regreso a Estados Unidos durante diez años, a menos que pueda tener derecho a una dispensa (véase la página 45 y la pregunta que sigue a continuación). Por esa razón, Saúl puede decidir esperar mientras su esposa se hace ciudadana norteamericana, lo cual le permitiría ajustar su estatus en Estados Unidos y, por tanto, no estar sujeto a diez años de exclusión.*

Estoy en Estados Unidos, pero no tengo documentos. ¿Cuáles son los riesgos para mí si salgo del país para tener mi entrevista de la tarjeta verde?

Si se encuentra en EE.UU. sin documentos y sale del país, puede que se vea imposibilitado de regresar aquí hasta por diez años. Este es el caso incluso si sólo sale para asistir a su entrevista por la tarjeta verde. También si reingresa o intenta reingresar en EE.UU. sin permiso, puede quedar permanentemente excluido de volver al país. Cerciórese de consultar con un abogado con experiencia en cuestiones de inmigración o con un representante acreditado antes de salir voluntariamente de EE.UU. si ha estado indocumentado por más de 180 días.

¿Cómo sé qué formularios necesito presentar para obtener mi tarjeta verde en Estados Unidos (ajuste de estatus)?

Debido a que los formularios a veces cambian, debe ir a la página web de la CIS (www.uscis.gov) para cerciorarse de que va a presentar los formularios más actualizados.

¿Dónde puedo conseguir los formularios de inmigración que necesito?

Hay cuatro modos de obtener gratuitamente de la CIS los formularios de inmigración que necesita.

Primero, puede ir a cualquier oficina local de la CIS y recoger formularios de inmigración. El inconveniente es que puede tener que esperar un buen rato en la cola. Si usted es indocumentado, también puede exponerse ante las autoridades de inmigración, lo cual es riesgoso.

Segundo, puede pedirle a la CIS, por teléfono, los formularios de inmigración. El número para llamar gratis es el 800–870–3676. Este servicio se ofrece en inglés y español. Una vez que comienza el mensaje automático, oprima el 2 para oír el mensaje en español.

Tercero, puede descargar los formularios directamente de la página web de la CIS en www.uscis.gov. Haga un clic en «*forms*». Si no puede descargar e imprimir los formularios desde su computadora, la página web de la CIS le permite solicitar que le envíen los formularios por correo. Busque un sitio para hacer un clic en «*Forms by Mail*».

Finalmente, si un abogado o un representante acreditado le están ayudando con su caso, él o ella podría proporcionarle los formularios de inmigración. El abogado o el representante no deben cobrarle nada por el solo hecho de proporcionarle los formularios, ya que los mismos son gratis.

Una vez lista, ¿dónde envío mi solicitud de la tarjeta verde para el ajuste de estatus?

La dirección postal exacta la puede encontrar en la página web de la CIS. El sitio de presentación puede cambiar, de manera que siempre debe verificar en la página web de la CIS dónde debe presentar el formulario.

¿Cuánto me costará presentar mi solicitud de tarjeta verde?

En 2008, los costos por solicitar una tarjeta verde (excluyendo la petición o reclamación familiar del primer paso) oscilaban entre 600 y más de 2.000 dólares por el total de todas las tarifas de presentación. Los costos varían en dependencia a los formularios que presente, su edad si tiene que pagar la multa de mil dólares porque tenga derecho mediante la Sección 245 y si necesita de una dispensa. Los costos de presentación también cambian con frecuencia y la cantidad que aparece impresa en un formulario de inmigración puede ser errónea. Siempre debe consultar la página web de la CIS en www.uscis.gov para informarse sobre las actuales tarifas de presentación.

ADVERTENCIA: Su solicitud puede retrasarse o serle devuelta si usted no envía la tarifa de presentación correcta. Cerciórese de que el pago que adjunta sea el correcto.

¿Cómo fijo la cita para el examen médico que requiere mi solicitud de la tarjeta verde?

Debe ir con un médico certificado por la CIS para que le hagan el examen médico de su tarjeta verde, y los resultados del examen deben incluirse en el Formulario I–693. Para encontrar un médico certificado por la CIS en su zona, llame al Centro Nacional de Servicio al Cliente de la CIS al 800–375–5283. La información de este número gratuito también la puede obtener en español. También puede encontrar información sobre médicos certificados por la CIS en su zona si visita la página web de la CIS en http://www.uscis.gov/graphics/exec/cs/index.asp.

¿Cómo puedo verificar el estado en que se encuentra mi caso?

La mejor manera de verificar el estatus de su caso es mediante una cita de Infopass con la CIS o dirigiéndose a la CIS por correo o por teléfono. Para hacer una cita mediante Infopass en la oficina local de la CIS, vaya a la página web de este organismo en http:\\ infopass.uscis.gov. Para dirigirse a la CIS por teléfono, llame al Centro Nacional de Servicio al Cliente al 1–800–375–5283. También puede verificar el estado de su solicitud pendiente en Internet yéndose a la página web de la CIS en www.uscis.gov y haciendo un clic en «*Case Status & Processing Dates*».

¿Qué sucederá en mi entrevista de la tarjeta verde o de ajuste de estatus?

Luego de presentar adecuadamente todas sus solicitudes de in–migración, recibirá una notificación para tomarse las huellas dactilares, y luego otra notificación para presentarse a una entre–vista para la obtención de su tarjeta verde. Puesto que el funcio–nario de la CIS que lo atenderá en esta entrevista revisará la información que aparece en los formularios que presentó, debe guardar copias de todo lo que haya presentado y debe revisar ese material antes de la entrevista. El examinador se cerciorará de que la petición o reclamación que hizo el familiar suyo sigue siendo válida y determinará si existe la requerida relación familiar. (Esto es sólo un problema si su cónyuge es quien hizo la petición y ahora usted se encuentra divorciado o el peticionario ha muerto.) Si su cónyuge hizo la petición, el examinador verificará si usted tiene un matrimonio auténtico y no uno arreglado con el único fin de obtener una tarjeta verde.

En el transcurso de su entrevista, el funcionario de la CIS hará una verificación minuciosa para ver si puede aplicársele alguna razón de exclusión. Es importante que usted pueda probar que es admisible; es decir, que no tiene ninguno de los problemas que se encuentran en la lista de las razones de exclusión que abordamos antes en este capítulo. Si algunas de las razones de exclusión pue-

---

ADVERTENCIA: VIAJAR A SU PAÍS DE ORIGEN ANTES DE TENER LA ENTREVISTA DE SU TARJETA VERDE

La CIS puede concederle autorización para que se ausente de EE.UU. por un corto período de tiempo una vez que haya presentado su solicitud de residencia permanente (tarjeta verde). Esta autorización se llama en inglés *advance parole* y exige una solicitud por separado. Sin embargo, usted puede encarar serios riesgos si sale del país. Aun si la CIS autoriza su viaje al extranjero, si usted sale de EE.UU. podría destruir su oportunidad de obtener luego su tarjeta verde. Cerciórese de consultar a un abogado con experiencia en cuestiones de inmigración o a un representante acreditado *antes* de salir del país con un *advance parole*.

den aplicársele, tendrá que solicitar una dispensa (*waiver*) suponiendo que haya alguna disponible. Si no tiene derecho a una dispensa o solicitó una pero la CIS se la negó, su solicitud de tarjeta verde será rechazada también, y podrían ponerlo en trámites de remoción (deportación).

EJEMPLO: *Rosa tiene derecho a solicitar una tarjeta verde, en consecuencia acude a un médico certificado por la CIS para someterse a un examen médico que es parte de los requisitos que acompañan a la solicitud de la tarjeta verde. El médico advierte que Rosa tiene sífilis infecciosa, una enfermedad que aparece en la lista de las «razones de exclusión». El funcionario de la CIS se enterará de la sífilis infecciosa de Rosa en el momento de su entrevista porque Rosa debe traer consigo una copia de su examen médico. Afortunadamente, existe una dispensa al alcance de Rosa porque ella es la esposa del portador de una tarjeta verde.*

EJEMPLO: *Enrique ha solicitado una tarjeta verde a través de su hermano que es ciudadano norteamericano. Él entró en Estados Unidos en el año 2000 diciéndole al agente de la patrulla que él era ciudadano norteamericano y mostrándole el pasaporte de su hermano. Luego solicitó una licencia de conducir valiéndose del certificado de nacimiento norteamericano de su hermano. El funcionario de la CIS en su entrevista para la obtención de la tarjeta verde, podría descubrir estas cosas a través del sistema de computadoras del gobierno, o preguntándole directamente a Enrique si él alguna vez ha dicho que es ciudadano norteamericano para entrar en el país. Por haber mentido cuando dijo que era ciudadano norteamericano, Enrique está excluido de obtener una tarjeta verde y puede ser deportado. Desafortunadamente, no hay ninguna dispensa que lo ampare.*

Si mi entrevista de la residencia permanente sale bien, ¿obtendré mi tarjeta verde o ajuste de estatus inmediatamente?

Si la CIS aprueba su solicitud en la entrevista, le enviarán su tarjeta verde por correo. Deberá recibir su tarjeta verde en el transcurso de unas cuantas semanas. ¡Cerciórese de que la CIS tenga su dirección correcta y actual!

¿Cuál es el proceso para la obtención de mi tarjeta verde a través de un consulado norteamericano (trámite consular)?

Conforme al sistema de trámites consulares, la CIS le mandará su expediente al consulado de EE.UU. que tramita las tarjetas verdes en su país de residencia. No todos los consulados norte–americanos en el extranjero tramitan solicitudes de tarjeta verde. Por ejemplo, si bien hay varios consulados norte–americanos

en México, sólo el de Ciudad Juárez tramita tarjetas verdes.

La CIS primero completa el trámite de la petición de visa, y recibe el afidávit o declaración jurada de respaldo (en que el reclamante se compromete a sostener al reclamado) y cualquier otra información que haya solicitado del miembro de su familia que lo reclama. Luego, el Departamento de Estado (DE) de EE.UU. se hace cargo de su solicitud.

El consulado de EE.UU. (parte del DE) le enviaré un paquete de formularios para que los rellene cuando su turno aparezca en la lista de espera. Este paquete incluye muchos documentos importantes, tales como un aviso en que le dicen cuándo y dónde tendrá lugar su entrevista para la tarjeta verde, así como información acerca de dónde tiene que acudir para someterse al examen médico y los formularios adicionales que tiene que rellenar.

¿Qué sucederá en la entrevista para la obtención de mi tarjeta verde mediante un trámite consular?

Una entrevista para la residencia permanente (tarjeta verde) en un consulado de EE.UU. incluye gran parte de los mismos asuntos descritos en la entrevista para la obtención de la tarjeta verde mediante el ajuste de estatus. Durante su entrevista, el examinador procura determinar si:

- Usted es quien pretende ser.
- Realmente está relacionado con la persona que ha hecho la petición o reclamación, y si ambos aún conservan la relación que exige el trámite.
- Usted cae dentro de algunas de las razones de exclusión que mencionamos antes. Y, de ser así, si tiene derecho a una dispensa.

ADVERTENCIA: CONSULTE A UN ABOGADO CON EXPERIENCIA EN CUESTIONES DE INMIGRACIÓN O A UN REPRESENTANTE ACREDITADO ANTES DEL TRÁMITE CONSULAR

Si usted se encuentra actualmente en EE.UU., es de especial importancia que obtenga asesoría legal antes de someterse al trámite consular porque es posible que no pueda regresar a EE.UU. si le niegan su solicitud de la tarjeta verde.

Una razón de exclusión muy común que las personas enfrentan en los trámites consulares son los impedimentos de la presencia ilegal, que mencionamos previamente en este capítulo. Existe una dispensa para los impedimentos de tres y diez años; pero es esencial obtener asesoría legal de un abogado con experiencia en cuestiones de inmigración o de un representante acreditado que esté familiarizado con las decisiones del consulado norteamericano que atenderá su caso respecto a solicitudes de dispensas.

EJEMPLO: *Jaime entró en EE.UU. sin permiso hace tres años, procedente de México. Se casó con Susanna, ciudadana norteamericana. Susanna ha presentado una petición de visa a favor de Jaime, y la petición ha sido aprobada. Jaime y Susanna tienen que tomar ahora una decisión muy difícil: la única manera en que Jaime puede inmigrar legalmente es mediante la obtención de una tarjeta verde en el consulado de EE.UU. en Ciudad Juárez, México. Él no puede procesar su solicitud de residencia en EE.UU. porque no entró con permiso. Sin embargo, el acto de salir de EE.UU. podría impedir que Jaime vuelva al país por diez años. No obstante, existe una dispensa. Si bien el consulado de EE.UU. y los funcionarios de la CIS en Ciudad Juárez aprobaron la mayoría de estas dispensas en casos representados por un abogado, últimamente ha habido un aumento en las denegaciones.*

Jaime y Susanna deciden arriesgarse a salir de EE.UU. para la entrevista en Ciudad Juárez. Jaime acude a la cita, llevando consigo una detallada petición de dispensa preparada por su abogado o representante acreditado que describe las privaciones extremas que Susanna sufriría si a Jaime no le permiten inmigrar. La solicitud y la dispensa son remitidas a un funcionario de la CIS en México. Durante el tiempo que le lleva a la CIS tomar una decisión sobre la solicitud de dispensa de Jaime, él debe permanecer fuera de EE.UU. por un período de tiempo que podría oscilar entre cuatro a diez meses o incluso más.

La CIS aprueba la petición de dispensa de Jaime. Él regresa al consulado donde le expiden una visa de inmigrante. Jaime se

*convierte en residente permanente tan pronto entra en EE.UU. y
las autoridades de inmigración sellen su pasaporte. Si la CIS le
hubiera denegado la dispensa, Jaime habría tenido que quedarse
en México por diez años. Tome en cuenta que además del consulado en Ciudad Juárez, muchos otros consulados norteamericanos deniegan un alto porcentaje de estas solicitudes de dispensa.
Es, pues, de vital importancia que consulte con un abogado con
experiencia en cuestiones de inmigración o un representante
acreditado antes de salir de EE.UU.*

Si mi entrevista de la tarjeta verde o trámite consular marcha bien, ¿obtendré mi tarjeta verde de inmediato?

Si su solicitud resulta aprobada en su entrevista del trámite consular, el funcionario del consulado le entregará algunos documentos (incluida una visa de inmigrante) en un sobre sellado
para que lo presente en la frontera de EE.UU. donde usted solicitará su admisión. En la frontera, la CBP le o patrulla fronteriza sellará su pasaporte y se convertirá en un residente permanente
desde el mismo día que ingrese en Estados Unidos. Usted recibirá
su tarjeta verde por correo en el transcurso de unas pocas semanas. Cerciórese de que las autoridades tienen su dirección postal
al día.

¿Qué es un afidávit de respaldo?

Todos los solicitantes de una tarjeta verde que son reclamados
por un miembro de su familia deben presentar un afidávit de respaldo en el formulario I–864 junto con la solicitud de su tarjeta
verde. El propósito del afidávit de respaldo es probar que es improbable que usted se convierta en una carga pública, es decir,
que es improbable que viva de los beneficios que otorga el gobierno, tales como el bienestar social o los cupones de alimento.

El familiar suyo que lo reclamó debe ser su patrocinador y presentar el afidávit de respaldo a favor suyo en el cual aparezca el monto de sus ingresos. A fin de que usted obtenga su tarjeta verde, el ingreso total de su patrocinador debe ser de un 125 por ciento del nivel de la pobreza para una familia que incluya todos los miembros cercanos de su patrocinador que vivan con él o con ella, así como todas las personas que solicitan una tarjeta verde.

EJEMPLO: *Juan solicita su tarjeta verde mediante una petición presentada por su padre, Marcos, que es ciudadano norteamericano. La esposa y el hijo de Juan también han solicitado inmigrar a EE.UU. Marcos vive con su esposa, y un hijo que aún asiste a la escuela. De manera que el número total de miembros de la familia que se cuentan es de seis (que incluye los tres de la familia de Juan y los tres de la familia de Marcos). La esposa de Marcos también trabaja. El total de sus ingresos sumados es de 40.000 dólares al año. En 2006, el 125 por ciento del nivel de la pobreza para una familia de seis fue de 33.500 dólares. Puesto que el ingreso de los patrocinadores es mayor que el monto de los niveles de pobreza, Marco cumple con los requisitos del afidávit de respaldo para que Juan y su familia obtengan la tarjeta verde.*

DÓNDE ENCONTRAR LAS ACTUALES PAUTAS FEDERALES DE POBREZA

La manera más fácil de encontrar las pautas federales de pobreza es consultar la página web de la CIS http://www.uscis.gov. Estas pautas cambian anualmente.

Los montos son más bajos para algunos patrocinadores que se encuentran en servicio activo en las Fuerzas Armadas de

EE.UU. y más elevados para los patrocinadores que viven en Alaska y Hawai. La siguiénte tabla indica el ingreso mínimo que requiere un patrocinador para patrocinar a un familiar.

Tamaño de la familia del patrocinador	125% de los niveles de pobreza
2	$17,500
3	$22,000
4	$26,500
5	$31,000
6	$35,500
7	$40,000
8	$44,500

¿Qué pasa si el ingreso total de mi patrocinador es menor que la cantidad requerida?

Si el miembro de la familia que lo ha reclamado tiene un ingreso insuficiente para patrocinarlo, dados los requisitos del afidávit de respaldo, otra persona (por ejemplo, un amigo u otro pariente) —que debe ser ciudadano norteamericano o residente permanente y que viva en EE.UU.— puede también patrocinarlo con otro afidávit de respaldo. El ingreso de la otra persona debe ser mayor que el requerido. Los ingresos de los dos afidávits no pueden sumarse para cumplir con el requisito.

¿Qué significa un afidávit de respaldo para mi patrocinador?

El afidávit de respaldo que se exige en los casos de inmigración de familiares es impositivo. Esto significa que el afidávit es un contrato obligatorio para que su patrocinador lo mantenga. Su patrocinador puede ser responsable de retribuir ciertos beneficios públicos si usted los recibe. Hasta ahora, no ha habido muchos casos en que el patrocinador haya tenido que reembolsarle al gobierno por beneficios públicos que haya recibido una familia de inmigrantes, excepto en el caso en que una persona reclama a su cónyuge y el matrimonio luego se acaba. Sin embargo, el afidávit de respaldo es legalmente obligatorio y puede imponerse.

¿Cuándo termina la responsabilidad del patrocinador?

Un patrocinador que firma un afidávit de respaldo no es responsable de los beneficios públicos, tales como servicios de bienestar social o cupones de alimentos, utilizados por algún miembro de la familia inmigrante luego de que él o ella:

- Se convierte en ciudadano/a norteamericano/a.
- Gana créditos por 40 trimestres (aproximadamente unos 10 años) de historia laboral en EE.UU. según la Administración del Seguro Social, ya sea mediante su propio trabajo o el trabajo de un cónyuge o uno de los padres.
- Muere.

3

Cómo obtener ayuda de su empleador

HAY VARIOS tipos de visas de no–inmigrante asociados con el trabajo. Estas visas le dan a las personas el derecho a entrar y a permanecer en EE.UU. temporalmente para un fin específico. Si bien muchas son temporales; otras pueden dar lugar a una tarjeta verde.

¿Qué son las visas de trabajo temporal y para quiénes son?

Hay un cierto número de visas de trabajo temporal, todas las cuales se tratan en este capítulo.

Las más comunes son:

- Visa H–1B para profesionales dedicados a una especialidad.
- Visa H–2A para obreros agrícolas de temporada.
- Visa H–2B para obreros no agrícolas de temporada.
- Visa TN para personas de ciertas ocupaciones provenientes de Canadá y México.

Las visas temporales H permiten que los inmigrantes permanezcan por un determinado período de tiempo en Estados Unidos y trabajen legalmente para el empleador que los patrocina. Si desean conseguir otro empleo, pueden necesitar obtener una visa nueva.

Las visas H le permiten a los trabajadores entrar y salir de EE.UU. y, en algunos casos, traer a algunos miembros de la familia. Los miembros de la familia que vienen a EE.UU. con el titular de una visa H no pueden trabajar legalmente en el país.

LA SOLICITUD DE UNA VISA H

Cada visa H tiene diferentes requisitos y beneficios.

- **Visa H–1B:** require el patrocinio de un empleador norteamericano. El empleador debe presentar primero una solicitud ante el Departamento del Trabajo (DOL, sigla en inglés) llamada Solicitud de Condición Laboral (LCA, sigla en inglés), en que confirme que el empleador pagará el salario corriente (el salario promedio para ese trabajo en esa región del país) y las condiciones laborales que ofrece. Una vez que el DOL certifica la solicitud, el empleador presenta una reclamación formal del trabajador ante la CIS. Si la CIS aprueba la petición, el trabajador puede solicitar la visa H–1B de admisión en EE.UU., o de cambio de estatus si ya se encuentra en EE.UU. con otro tipo de visa.

  Según la ley vigente, el estatus de la H–1B se concede inicialmente hasta por tres años y dura por un período máximo de seis años. Después del período de seis años, el inmigrante debe permanecer fuera de EE.UU. durante un año antes de que puedan aprobarle otra visa H–1B. Bajo ciertas circunstancias, a los inmigrantes pueden concederles una extensión del estatus H–1B más allá del período máximo de 6 años si se encuentran en el proceso de obtener una tarjeta verde a través de su empleo.

Los poseedores de una visa H–1B pueden ajustar su estatus si tienen aprobada una visa de inmigrante válida (ya sea a través de su empleo o de su relación de familia).

- **Visa H–2A:** está a la disposición de obreros agrícolas de temporada que sean patrocinados por un empleador luego que éste haya intentado, pero no haya podido, encontrar obreros norteamericanos para desempeñar esos trabajos.

  El trabajo temporal de temporada es el que se realiza durante ciertas estaciones del año —por ejemplo, durante la cosecha de un cultivo— o por un período menor de un año cuando el empleador puede probar que la necesidad de los obreros es temporal.

  La visa H–2A sólo dura lo que dura el trabajo y puede expedirse por un período de hasta 364 días. La visa puede ser renovada cada año hasta un total de tres años.

  El empleador debe probar que no hay suficientes obreros norteamericanos capaces, dispuestos y calificados para desempeñar el trabajo en el momento y lugar que se necesita. Esto significa que el empleador debe intentar primero contratar obreros de una región multiestatal de la parte del país donde radica. Si el empleador no puede encontrar obreros en EE.UU. para hacer el trabajo, entonces puede contratar dotaciones de trabajadores temporales en el extranjero.

  El empleador también debe mostrar que el contrato de obreros inmigrantes no tendrá un efecto adverso en los salarios ni las condiciones laborales de los obreros norte–americanos. Finalmente, a los empleadores se les exige que les proporcionen a los obreros que contraten mediante una H–-2A ciertos beneficios:

—Transporte de regreso a su país o al próximo centro de trabajo una vez que el período del contrato concluya.

—Transporte de ida y regreso de la casa del trabajador temporal al centro de trabajo.

—Vivienda para todos los obreros que no viajen diariamente al centro de trabajo. La vivienda debe cumplir con los estándares federales mínimos de los campamentos de trabajo temporal.

—Tres comidas al día o instalaciones en las cuales el obrero pueda prepararse su comida.

—Herramientas y materiales necesarios para realizar el trabajo.

—Seguro de compensación del trabajador.

Si su empleador no le ofrece estos beneficios, debe buscar la asesoría de un abogado con experiencia en cuestiones de inmigración o un representante acreditado. Podría consultar también con líderes comunitarios y religiosos de la localidad. También puede quejarse directamente al Departamento del Trabajo (DOL). El empleador debe haberle dado una copia de su expediente y de la solicitud que incluye un número del DOL al que puede llamar para quejarse si no le están proporcionando estos beneficios.

• **Visa H–2B:** es para obreros temporales que vienen a trabajar en empleos de temporada o intermitentes no agrícolas, o en empleos necesarios debido a que tienen lugar una sola vez. Regularmente, los obreros amparados por una H–2B ocupan plazas en el sector de servicios en áreas que incluyen la construcción, la atención sanitaria, la jardinería, la industria maderera, así como el servicio y el procesamiento de comidas. La parte más importante respecto al empleo, no es el tipo de trabajo que conlleva, sino el hecho de que es temporal.

Conforme a la ley vigente, la visa H–2B no ofrece un camino para alcanzar la residencia permanente. El Congreso ha estado debatiendo proyectos de ley que ofrecerían una vía a la residencia permanente para los obreros con visa H–2B. Sin embargo, ninguno de esos proyectos se ha convertido en ley.

La visa H–2B sólo dura lo que dura el trabajo. Si bien esta visa puede expedirse hasta por un período de un año, el Departamento del Trabajo no expide este tipo de visa por más de nueve meses. Sin embargo, esta visa puede renovarse cada año hasta un total de tres años.

- **Visa TN, o visa comercial NAFTA:** fue creada por el Tratado del Libre Comercio de América del Norte en 1994. Es una categoría de visa establecida para profesionales canadienses o mexicanos que vienen a vivir y trabajar temporalmente en EE.UU. Sólo ciertas ocupaciones le dan derecho a un obrero a solicitar la visa TN. Los poseedores de una visa TN pueden traer a sus cónyuges e hijos solteros a EE.UU., pero estos cónyuges e hijos no tendrán permiso para trabajar aquí.

  Las únicas ocupaciones que respaldan la obtención de una visa TN son las que se incluyen en la Lista de Empleos Profesionales del NAFTA que puede encontrarse en la página web del Departamento de Estado en http://travel.state.gov/visa/temp/types/types_1274.html. Con algunas excepciones, cada profesión exige como requisito de ingreso un diploma de bachiller. La lista incluye más de setenta profesiones, entre ellos, contadores, bibliotecarios, profesionales de la medi–

cina, científicos, diseñadores gráficos, maestros y trabajadores sociales.

Los trámites de solicitud son diferentes para canadienses y mexicanos. Esta sección se concentra en los trámites para nacionales mexicanos que pueden presentar sus solicitudes en embajadas y consulados norteamericanos en todo el mundo.

Para solicitar una visa TN, debe presentar un formulario de solicitud de visa en una oficina consular de EE.UU. en cualquier parte del mundo, pero preferiblemente en México, con una carta de empleo para un puesto en EE.UU. La carta debe indicar que el trabajo en EE.UU. exige su empleo en capacidad profesional.

Al igual que la mayoría de los solicitantes, usted puede tener que esperar una cita para una entrevista durante varias semanas o menos. Sin embargo, puede tener un tiempo de espera considerablemente más largo en algunas secciones consulares de la embajada. La información sobre los períodos de espera para citas de entrevistas así como el tiempo que toman los trámites de la visa en cada embajada o consulado de EE.UU. en el mundo se puede obtener ahora en la página web del Departamento de Estado (http://travel.state.gov/visa/temp/wait/tempvisitors_wait.php en «Visa Wait Times") y en las páginas web de la mayoría de las embajadas. Visite la página web de la sección consular de la embajada donde solicitará su visa para encontrar cómo concertar una cita para su entrevista, pagar los costos y demás instrucciones. Entre otras cosas, tendrá que presentar algunos formularios del gobierno, pagar ciertas tarifas y tener un pasaporte válido para viajar a EE.UU., así como una fotografía y una carta de empleo. Debido a que los trámites difieren de un país a otro, debe consultar la página web del Departamento de Estado, en http://travel.state.gov/visa/temp/types/types_1274 .html para cerciorarse de la información y de los materiales adecuados.

OBTENER UNA TARJETA VERDE A TRAVÉS DEL TRABAJO

El gobierno de EE.UU. expide anualmente 140.000 visas permanentes por razones de empleo, en gran medida a personas que son patrocinadas por sus empleadores y tienen ofertas de empleo permanente en EE.UU. Las personas con esta clase de visa tienen derecho a recibir la tarjeta verde. La inmigración por razones de empleo (al igual que la inmigración por razones de familia) se basa en un *sistema preferencial* con diferentes categorías de trabajadores y diferentes tiempos de espera para ingresar en EE.UU. Algunas personas que tienen derecho a obtener esta visa a través de su trabajo también tienen que tener una *certificación laboral* que demuestre que no están aceptando un empleo que pudiera ocupar un trabajador norteamericano.

¿Qué es una certificación laboral?

Una certificación laboral es un certificado, expedido por el Departamento del Trabajo de EE.UU. (DOL), que dice que en determinado trabajo hay carestía de mano de obra norteamericana, y que la persona a favor de quien se presenta la certificación laboral está capacitada para realizar ese trabajo. Una certificación laboral no otorga autorización de empleo, pero obtenerla suele ser el primer paso para conseguir la residencia permanente a través de un empleo.

En 2007, a fin de reducir los incentivos y oportunidades de cometer fraude y abusos en el proceso de certificación laboral, la

Administración de Empleo y Adiestramiento del Departamento del Trabajo de Estados Unidos promulgó regulaciones que alteraban el programa de certificación laboral. Entre otras cosas, esas regulaciones:

- Prohíben la sustitución de un beneficiario extranjero en cualquier solicitud de certificación laboral permanente.

- Prohíben la venta, trueque o compra de una certificación laboral permanente o de una certificación laboral aprobada.

- Prohíben que un empleador procure o reciba remuneración de cualquier tipo por cualquier actividad relacionada con la obtención de una certificación laboral permanente ("remuneración" incluye la deducción de salarios o beneficios).

- Exigen que todos los costos relacionados con la preparación, presentación u obtención de una certificación laboral permanente (o de todas esas gestiones juntas) sean cubiertos por el empleador. Al beneficiario extranjero se le prohíbe que pague por cualquier actividad relacionada con la obtención de una certificación laboral permanente. Esto incluye honorarios de abogado y costos asociados con el proceso de contratación.

- Establecieron una fecha de caducidad para una certificación laboral aprobada o permanente. Una certificación laboral permanente expirará 180 días después de la fecha de expedición.

Éste es un proceso largo y complicado. La solicitud de una certificación laboral la presenta un empleador norteamericano a favor de un inmigrante que tiene las destrezas necesarias para la plaza que el empleador desea cubrir. Antes de que el DOL expida una certificación laboral, el empleador debe probar que hay escasez de trabajadores norteamericanos para esa plaza, que la persona por quien se presenta la solicitud tiene la capacidad para desempeñar el trabajo y que el empleador le pagará al empleado el salario debido.

Conseguir una certificación laboral puede ser difícil debido a la presunción, conforme a la ley de inmigración norteamericana, de que los trabajadores norteamericanos pueden cubrir la mayoría de los empleos en EE.UU. y que, por consiguiente, no se necesitan nuevos inmigrantes. Los inmigrantes con visas EB–2 y EB–3 (que abordaremos en detalle en la próxima sección) deben probar que *el trabajo específico que se les ofrece* es una excepción a este supuesto, y que sus destrezas tienen escasa oferta aquí, mostrando que los obreros norteamericanos o bien no tienen las destrezas o la capacitación para desempeñar el trabajo, o no quieren los empleos por el pago que les ofrecen. Los trabajadores que buscan visas EB–2 y EB–3 también deben probar que tienen la experiencia laboral necesaria. Además, el empleo específico que se ofrece debe ser permanente y de jornada completa y el empleador debe estar dispuesto a pagarle al trabajador el salario promedio en la localidad donde el empleo se ofrece.

Su futuro empleador primero debe intentar, sin éxito, contratar a posibles solicitantes norteamericanos y por tanto demostrar que hay una escasez de obreros calificados para el empleo en esa localidad geográfica. El empleador luego presenta los documentos de la certificación laboral en el Departamento del Trabajo para probar que ningún trabajador norteamericano está dispuesto o es capaz de tomar el empleo específico que se le ofrece. Si aprueban la certificación laboral, la fecha en que la misma se ha presentado se convierte en su fecha prioritaria para fines de ajustes.

Como trabajador patrocinado en el proceso de certificación laboral, usted depende completamente de su empleador potencial, porque es el empleador —no usted, el inmigrante— quien debe presentar la solicitud, y el empleador puede retirarla en cualquier momento.

ADVERTENCIA DE FRAUDE: Cuídese de cualquiera que le diga que puede conseguir su certificación laboral fácil y rápidamente. Tal persona puede ser un fraude y ésta es una estafa común.

Una vez que el DOL apruebe su certificación laboral, su empleador debe presentar una petición de visa (formulario I–140) ante la CIS, y adjuntarle la certificación laboral. Éste es el segundo paso para convertirse en residente permanente a través de un empleo. Además de la certificación laboral, usted también debe presentar cartas de recomendación y otras pruebas que demuestren su notable experiencia para ese empleo.

VISAS POR RAZONES DE EMPLEO

Eche un vistazo aquí a las visas por razones de empleo.

- **Visa EB–1** incluye a personas con destrezas extraordinarias que se encuentran en la cima de sus profesiones (incluidos atletas, artistas, científicos y otros que sean internacionalmente reconocidos), profesores e investigadores notables, y ejecutivos y gerentes de compañías multinacionales. No muchas personas reúnen los requisitos para esta clase de visa.

Las personas que sí llenan los requisitos no necesitan presentar una certificación laboral y puede inmigrar con relativa facilidad.

- **Visa EB–2** incluye a profesionales con diplomas superiores (maestría o licenciatura y al menos cinco años de experiencia profesional) y personas de excepcional capacidad. Estos trabajadores por lo general deben tener una certificación laboral y oferta de empleo de jornada completa permanente. Sin embargo, algunos trabajadores con EB–2 no necesitan una oferta de empleo ni una certificación laboral si pueden probar que su inmigración sería de interés nacional para Estados Unidos. Si bien es difícil probar que la inmigración de una persona redunda en el interés nacional de Estados Unidos, algunos de los factores que se tienen en cuenta incluyen si el trabajo mejorará la economía de EE.UU. o los salarios y las condiciones de trabajo de los obreros norteamericanos, si el trabajo ayudará a mejorar el medio ambiente o a usar mejor los recursos naturales y si el trabajo mejorará la educación, la salud o la vivienda para los más necesitados.

- **Visa EB–3** incluye a profesionales con licenciaturas, trabajadores calificados y no calificados. Todos los trabajadores incluidos en esta categoría deben tener una oferta de trabajo permanente y de jornada completa en EE.UU. El empleador, no el inmigrante, debe presentar la petición o reclamación en inmigración. Excepto las enfermeras profesionales y los fisioterapeutas, todos en esta categoría deben tener una certificación laboral. Una ocupación calificada exige al menos dos años de experiencia e incluye empleos como reposteros, soldadores, inspectores y asistentes de abogado. Los empleos no calificados, definidos como aquellos que se pueden llegar a dominar en dos o tres años, incluyen cantineros, camareros y mecanógrafos. Puede ser muy difícil obtener una visa para un trabajo no calificado por la dificultad de probar que no hay obreros norteamericanos que puedan desempeñar esos empleos.

- **Visa EB–4** incluye diez categorías de trabajadores, la mejor conocida de los cuales es la de los trabajadores religiosos. Éstos no tienen que mostrar una certificación laboral y por lo general no tienen que esperar mucho tiempo para obtener una visa. Sin embargo, deben probar que tienen una oferta de empleo en EE.UU. En esta categoría se incluyen los ministros ordenados o autorizados, profesionales religiosos (tales como maestros y otros que tengan una licenciatura), y trabajadores religiosos vocacionales y ocupacionales (entre ellos monjes, monjas y consejeros religiosos). Otras personas que trabajan para organizaciones religiosas, pero que carecen de una preparación religiosa especializada, tales como conserjes, trabajadores de mantenimiento, recaudadores de fondos y empleados administrativos, no reúnen los requisitos para obtener una visa religiosa.

- **Visa EB–5** con frecuencia se le llama la «visa millonaria», porque las personas que tienen derecho a ella deben poder invertir un millón de dólares en EE.UU. o 500.000 dólares bajo ciertas circunstancias y dirigir una empresa que cree por lo menos diez empleos de jornada completa. Esta visa se inventó para promover nuevas inversiones en EE.UU. y la creación de nuevos empleos. Los que reúnen los requisitos para esa categoría no necesitan una certificación laboral ni una oferta de empleo permanente.

SI LE APRUEBAN SU PETICIÓN DE VISA

Si le aprueban la petición de visa presentada por el empleador, y su fecha prioritaria está corriente (*current*), usted puede presentar una solicitud de ajuste de estatus o de trámite consular, que explicamos en el capítulo anterior, en dependencia de cuál medio utilizará para inmigrar a través de su empleo. Su fecha prioritaria o bien es la fecha en que presentó su certificación laboral a la

Fechas Prioritarias

Categoría basada en el empleo	Todos los países excepto China, India, México y Filipinas	Nacidos en China–continental	India	México	Filipinas
1ra	Al corriente	Al corriente	Al corriente	Al corriente	Al corriente
2da	Al corriente	Abr. 22, 2005	Ene. 8, 2003	Al corriente	Al corriente
3a	Ago. 1, 2002	Ago. 1, 2002	Abr. 22, 2001	May. 8, 2001	Ago. 1, 2002
Trabajadores de Categoría A	No disponible	No disponible	No disponible	No disponible	No disponible
Otros Trabajadores	Oct. 1, 2001	Oct. 1, 2001	Oct. 1, 2001	Oct. 1, 2001	Oct. 1, 2001
4ta	Al corriente	Al corriente	Al corriente	Al corriente	Al corriente
Ciertos trabajadores religiosos	Al corriente	Al corriente	Al corriente	Al corriente	Al corriente
Traductores iraquíes y afganos	Sept. 18, 2006	Sept. 18, 2006	Sept. 18, 2006	Sept. 18, 2006	Sept. 18, 2006
5ta	Al corriente	Al corriente	Al corriente	Al corriente	Al corriente
Áreas de Empleo/ Centros regionales	Al corriente	Al corriente	Al corriente	Al corriente	Al corriente

fecha en que se presentó su petición preferencial, dependiendo de su categoría de preferencia. Éste constituye el tercer y último paso de esta categoría.

¿Qué podría impedirme obtener mi tarjeta verde a través del trabajo?

La ley de inmigración incluye una lista de razones que impedirían que una persona fuese admitida en EE.UU. y obtuviera una tarjeta verde. Así como existen razones de exclusión, para las reclamaciones de familia, ocurre lo mismos para las reclamaciones basadas en el empleo. Véase la lista que aparece en este capítulo de las razones por las cuales usted pudiera ser considerado excluible, y en qué circunstancias podría pedir una dispensa.

> **ADVERTENCIA:** Antes de iniciar el proceso de petición de visa, debe reunirse con un abogado con experiencia en cuestiones de inmigración o con un representante acreditado para ver si podrían aplicarle algunas de las razones de exclusión.

SI SU EMPLEADOR CAMBIA DE OPINIÓN

No hay mucho que usted pueda hacer si su empleador cambia de opinión con respecto a patrocinarlo, no importa cuánto tiempo haya esperado. En el clima económico actual, los empleadores con frecuencia cambian, se reorganizan o cierran. La mayoría de los trabajadores con una certificación laboral aprobada no pueden sustituir al empleador y patrocinador original por otro nuevo. Si su empleador original ya cerró el negocio, usted debe encontrar a otro empleador y emprender de nuevo todo el proceso de certificación laboral. Sin embargo, si encuentra un nuevo empleador, usted puede conservar su fecha prioritaria original, en lugar de tener que comenzar nuevamente el período de espera para solicitar una tarjeta verde.

¿Qué es lo que sigue? Ajuste de estatus

Si le han aprobado su petición en base a un empleo, al igual que todos los que solicitan una tarjeta verde, usted debe presentar todos los documentos que se exigen, formularios de inmigración, solicitudes con las tarifas correctas, resultados de los exámenes médicos, huellas dactilares y fotografías. También debe probar que no es excluible. Finalmente, debe acudir a una entrevista.

Para los inmigrantes por razones de empleo, el proceso de obtención de una tarjeta verde por ajuste de estatus suele ser muy directo. Sin embargo, la demora en los trámites y los problemas burocráticos pueden ponerle trabas a un proceso fácil. En la actualidad la duración de los trámites oscila entre uno y dos años, conforme a la oficina de la CIS que maneja y recibe el caso.

La mayoría de los inmigrantes por razones de empleo pueden obtener su tarjeta verde sin una sola entrevista en la CIS y también pueden obtener su tarjeta verde aun si han estado fuera del estatus de inmigración legal con la protección de la sección 245 (i) o han trabajado anteriormente en EE.UU. Pero, para que así sea, no deben haber trabajado sin autorización o haber estado fuera de estatus por más de un total de 180 días. Es muy importante, si ha estado fuera de estatus o ha trabajado anteriormente sin autorización, que consulte a un abogado con experiencia en cuestiones de inmigración o a un representante acreditado para determinar si tiene derecho a una tarjeta verde.

¿Dónde envío mi solicitud de tarjeta verde para un ajuste de estatus en base a un empleo?

El lugar adonde envíe su solicitud de residencia permanente (tarjeta verde) depende de donde usted resida o donde este lo–calizado su empleador. Remítase a la página web del USCIS (www.uscis.gov) para encontrar el lugar adecuado (en este caso, sería uno de los centros del Servicio de Inmigración) para enviar su solicitud.

Una vez que obtenga mi tarjeta verde, ¿tengo que trabajar para el mismo empleador que presentó mi solicitud de certificación laboral?

Es muy importante que usted trabaje para el empleador que lo patrocina en el momento de obtener su tarjeta verde porque la re–clamación de inmigración se basa en la oferta de un empleo per–manente, que tanto usted como su empleador se proponen respetar. Usted, al igual que otros trabajadores en su situación, se arriesga si después de obtener su tarjeta verde nunca más trabaja para el empleador que lo patrocinó. Sin embargo, si a la CIS tarda más de 180 días en procesar su solicitud para obtener una tarjeta verde por ajuste de estatus, entonces, al obtener finalmente su tar–jeta verde, no está obligado a trabajar para el empleador que lo patrocinó. Puede conseguir un nuevo empleo en la misma ocu–pación o en una semejante. Esta disposición lo ayuda si quiere buscar una mejor oportunidad de empleo.

4

Lo que debe saber acerca de la deportación y la detención

U STED HA TRABAJADO muy duro para poner sus documentos en orden y el proceso probablemente ha sido largo; pero su esfuerzo no termina aún. Su estatus legal en EE.UU. no sería permanente a menos que usted tome algunas medidas para mantenerlo al día.

He aquí lo que necesita saber para conservar la legalidad y, si se mete en líos, la información que necesita para entender cuáles podrían ser las consecuencias.

¿QUÉ ES LA ICE?

La ICE es la sigla en inglés de la Oficina de Inmigración y Control de Aduanas, el organismo del gobierno encargado de aplicar las leyes de inmigración dentro de EE.UU. —incluidas la deportación y la detención por razones de inmigración. El Servicio de Inmigración y Naturalización (el INS o la *migra*) solía desempeñar estas funciones. El Departamento de Seguridad Nacional absorbió al INS en 2003 y creo la ICE (para deportación y detención), la Oficina de Ciudadanía y Servicios de Inmigración (CIS) (para servicios de inmigración como la tarjeta verde, la visa y los servicios de naturalización) y la Oficina de Aduanas y Protección Fronteriza (CBP) (para el control de la inmigración en la frontera). El INS ya no existe.

¿Qué es la deportación?

La deportación es el acto por el cual el gobierno de EE.UU. obliga a alguien a salir del país por haber violado las leyes de inmigración. Según la ley de inmigración vigente, este proceso se llama «remoción». A alguien que deportan de EE.UU. lo envía de regreso a su país de origen.

¿Quién está sujeto a deportación?

Es importante saber que las personas indocumentadas no son las únicas que pueden ser deportadas. Personas con visas e incluso con tarjetas verdes que han estado en EE.UU. durante casi toda su vida y tienen familiares que son ciudadanos norteamericanos también pueden ser deportados. De hecho, cualquiera que no sea ciudadano norteamericano puede ser deportado.

EJEMPLO: Arturo vino a EE.UU. cuando tenía 3 años de edad y ha vivido aquí desde entonces. Ahora tiene 57 años y obtuvo su tarjeta verde cuando tenía 23 a través de su esposa que era ciudadana norteamericana. Juntos tienen tres hijos, todos los cuales nacieron en EE.UU. y son ciudadanos norteamericanos. Recientemente, Arturo disparó una pistola al aire para espantar a algunos vecinos borrachos del frente de su casa. Aunque su arma estaba debidamente registrada, a Arturo lo encontraron culpable de haber descargado ilegalmente un arma de fuego. Esta condena lo puede hacer susceptible de deportación, aunque sea residente desde hace mucho tiempo con familiares que son ciudadanos norteamericanos.

Hay muchas razones por las cuales deportan a la gente. Por ejemplo, usted podría ser deportado si está en EE.UU. ilegalmente, si ha entrado en el país sin permiso del gobierno, si ha ayudado a alguien a entrar ilegalmente en el país, si ha afirmado falsamente que es ciudadano norteamericano, si ha cometido fraude matrimonial, o si se ha convertido en carga pública o ha votado ilegalmente. La ley de inmigración incluye un lista completa de cosas que lo harían sujeto a deportación.

Muchas personas que han sido arrestadas o condenadas por un delito penal también son suceptibles de ser deportados. Por ejemplo, usted podría ser deportado por lo siguiente:

- Casi por cualquier condena por drogas, incluso por la simple posesión que es una infracción. (También puede ser deportado por reconocer que fue un drogadicto en el pasado.)
- Delito de robo, en dependencia de su estatus migratorio y de la sentencia que le hayan impuesto.
- Delitos violentos tales como asalto, agresión, violación o asesinato.
- Condenas por violencia doméstica o por violar una orden de protección.

- Cualquier delito sexual, incluidas las relaciones sexuales con un menor de edad (alguien menor de 18 años[2]).
- Condena por portación o uso indebido de armas de fuego.

Hay dos tipos diferentes de procedimientos que pueden terminar en deportación: el trámite de deportación regular, llamado ahora *proceso de remoción*, y el trámite abreviado, con frecuencia llamado *remoción expedita*.

ADVERTENCIA: Si usted ha tenido cualquier contacto con el sistema de justicia penal, incluida alguna detención que no ha dado lugar a una condena, o incluso una condena que podría haber sido borrada de sus antecedentes y que sucedió hace muchos años, debe evitar cualquier contacto con las autoridades de inmigración hasta que hable con un abogado con experiencia en cuestiones de inmigración o un representante acreditado.

DEPORTACIÓN REGULAR/PROCESO DE REMOCIÓN

Con frecuencia, el primer paso en el proceso de deportación es su arresto y detención por agentes de la ICE. La ICE responde a la Oficina de Inmigración y Aduanas, la agencia del gobierno encargada de hacer cumplir las leyes de inmigración dentro de EE.UU., incluida la detención por razones migratorias y la deportación.

Si usted es arrestado y detenido, la ICE puede retenerlo en una prisión privada, una cárcel del condado o un centro de de-

---

[2] La edad de consentimiento para las relaciones sexuales en EE.UU. varía de un estado a otro, llegando a ser en algunos estados los 16 años (N. del T.).

tención federal de inmigración. Puede estar detenido cerca o muy lejos de su casa (es decir, fuera del estado donde vive). La ICE le debe dar una *notificación de comparecencia* en el transcurso de las 72 horas que siguen a su arresto. Una notificación de comparecencia, o citatorio, es un pedazo de papel que explica en inglés por qué la ICE quiere deportarlo y le indicará dónde y cuándo comparecer a su audiencia en presencia de un juez de inmigración.

En otros casos, aunque usted no haya sido arrestado y detenido, se le comunica que va a ser deportado. El ICE debe cerciorarse de que usted recibe un citatorio por correo.

> **ADVERTENCIA: USTED DEBE ASISTIR A TODAS LAS AUDIENCIAS DE DEPORTACIÓN**
>
> Si usted no asiste a una audiencia de deportación, puede ser deportado aunque no se encuentre presente y puede quedar excluido de solicitar cualquier beneficio de inmigración durante diez años.

Si la ICE lo arresta y lo detiene, usted tendrá una *audiencia de fianza*, la primera audiencia en el proceso de deportación. En esta audiencia, un juez de inmigración puede decidir cuánto dinero debe pagar para salir en libertad del centro de detención de inmigración mientras su caso esté pendiente, o bien puede decidir que no puede ser liberado hasta que su caso concluya debido a problemas delictivos de su pasado. Si el juez le permite salir en libertad (bajo fianza), la cantidad mínima de una fianza en la actualidad es de 1.500 dólares. Si bien usted puede pedirle al juez de inmigración que le rebaje la fianza, el juez tiene completa discreción para determinar el monto.

ADVERTENCIA: ENCUENTRE UN ABOGADO CON EXPERIENCIA EN CUESTIONES DE INMIGRACIÓN QUE LO AYUDE EN SU PROCESO DE REMOCIÓN

Si se encuentra en medio de un proceso de remoción y no tiene abogado, dígale al juez de inmigración que usted querría que le concediera tiempo para encontrar un abogado. No le diga nada al juez o a la ICE acerca de su caso, tal como reconocer que usted es deportable, porque podría brindarle al gobierno más información contra usted mismo y arruinar su oportunidad de quedarse en el país.

El próximo paso después de la audiencia de la fianza es la *audiencia del calendario maestro*, que determina si en realidad usted puede ser deportado. El juez puede creer que usted no merece ser deportado. O usted puede tener derecho a una alternativa de inmigración que le permitiría quedarse en EE.UU. aún si fuera deportable. En cualquier de esos casos, el juez le fijará otra audiencia llamada *audiencia individual*. En esta audiencia, usted o su abogado (si lo tiene) argüirán por qué usted no es deportable y por qué merece permanecer en EE.UU., o ambas cosas. Al final de esta audiencia, el juez puede ordenar su deportación o determinar que puede quedarse en el país.

Si el juez encuentra que usted es deportable y que no puede quedarse en EE.UU., entonces emitirá una orden de deportación en contra suya. Si recibe una orden de deportación, comúnmente llamada una *orden de remoción*, la ICE lo pondrá en un avión o en un autobús con destino a su país de origen. Es posible que el juez le permita partir «voluntariamente». Si el juez le permite salir voluntariamente de EE.UU., usted suele contar con cierto número de días para recoger sus pertenencias y salir del país por su cuenta y no tendrá una orden de deportación o de remoción en sus antecedentes.

Si ordenan su deportación, usted puede apelar su caso a tribunales superiores: usualmente la Junta de Apelaciones de Inmigración y la Corte de Apelación del Circuito.

TRÁMITE DE DEPORTACIÓN ABREVIADO/REMOCIÓN EXPEDITA

Algunas personas tienen aún menos derechos de los que están al alcance de alguien en el proceso de deportación o remoción. Por ejemplo, a los que encuentran en un aeropuerto sin los documentos adecuados y no pueden probar que han estado en EE.UU. por más de 14 días son puestos en remoción expedita, un procedimiento en el que, por lo general, usted puede ser deportado sin derecho a audiencia ni oportunidad de apelar.

¿Cómo puedo encontrar la fecha y el lugar de mi próxima audiencia de inmigración?

Llame al número de teléfono gratis del tribunal de inmigración 800–898–7180, para obtener información sobre su próxima audiencia. Necesitará su A# (su número de expediente individual de inmigración con el Departamento de Seguridad Patria, que contiene siete u ocho dígitos precedidos por la letra «A») que aparece en la mayoría de los documentos de inmigración.

¿Cuáles son mis derechos en un procedimiento de deportación?

La ICE debe decirle por qué está sometido a un trámite de deportación y no puede mantenerlo en la cárcel por más de 48 horas sin emitir una notificación de comparecencia en contra suya, al que ya nos referimos anteriormente en este capítulo. Si usted se queda callado y no les da ninguna información, la ICE podría no tener prueba de que usted se encuentra aquí ilegalmente, podría no tener ninguna razón para deportarlo y podría verse obligada a ponerlo en libertad.

En la mayoría de los casos, la ICE no puede deportarlo sin darle la oportunidad de tener una audiencia ante un juez de inmigración. Esta audiencia es muy importante para usted si tiene alguna posibilidad de permanecer en el país. Si, no obstante, usted es un indocumentado (no está aquí legalmente) y lo encuentran a 100 millas o menos de la frontera y ha estado aquí menos de catorce días, o tiene ciertas causas penales, o una orden de deportación anterior, no tiene derecho a una audiencia ante un juez de inmigración.

Usted tiene derecho a tener un abogado o un representante acreditado que lo defienda en el proceso de deportación. Sin embargo, el gobierno no pagará por su abogado. Usted debe pagar los servicios del abogado, si bien la ICE debe proporcionarle una lista de servicios legales gratuitos de la localidad que puedan ayudarle con su caso.

Usted tiene derecho a tener un traductor en su audiencia. La corte de inmigración le brindará los servicios de un traductor durante la audiencia. Toda la audiencia de inmigración será en inglés y todos los documentos de la corte de inmigración y la ICE estarán en ese idioma.

En la mayoría de los casos, usted tiene el derecho a hablar con un funcionario consular de su país de origen, pero no si es deportado a través de la remoción expedita.

Si se encuentra en un centro de detención de inmigración, puede tener el derecho a una fianza razonable —el dinero que pueda pagar para salir de la cárcel mientras el caso se encuentra pendiente. En muchos casos, la ICE debe establecer una fianza razonable para que usted pueda quedar libre mientras espera la audiencia ante el juez de inmigración. Si usted cree que su fianza es demasiado elevada, puede pedir una audiencia con un juez de inmigración para reducir o eliminar la fianza.

Si usted está a punto de ser deportado y necesita ayuda, recuerde que debe decirle a la ICI que quiere un abogado (deberán proporcionarle un lista de servicios legales gratuitos en esa localidad) y que quiere entrevistarse con un funcionario consular de su país de origen.

ARRESTOS Y CONDENAS PENALES

Aun si no lo deportaran, los actos delictivos que conducen a un arresto o a una condena pueden impedirle, de manera permanente o temporal, convertirse en ciudadano norteamericano o en residente permanente, u obtener otros estatus de inmigra–ción legales. También puede ser puesto en detención obligatoria lejos de su hogar y de su familia hasta que la ICE lo deporte, o pueden impedirle que reingrese en EE.UU. luego de un viaje fuera del país, aun si ha sido residente permanente durante mucho tiempo.

¿Qué lugares debo evitar si he tenido un arresto o un antecedente penal?

Si ha tenido algún contacto con el sistema de justicia penal, incluso hasta un arresto sin condena, **NO debería hacer nada de lo que sigue hasta que hable con un abogado con experiencia en cuestiones de inmigración o con un representante acreditado:**

- No solicite la ciudadanía norteamericana ni la residencia permanente ni ningún otro estatus migratorio.
- No entre en una oficina de inmigración a hacer preguntas o a renovar su visa o su tarjeta verde.
- No salga del país, ni viaje cerca de la frontera ni donde haya puntos de control de la frontera.

LOS DELITOS JUVENILES NO SON TAN GRAVES COMO LAS CONDENAS PENALES DE ADULTOS

Las violaciones criminales cometidas por adolescentes por lo general no tienen las mismas consecuencias drásticas de inmigración que las condenas que les imponen a los adultos en una corte penal. Las excepciones son los delitos juveniles relacionados con la prostitución, delitos sexuales graves y ciertos delitos vinculados a las drogas, especialmente los que conllevan la venta de drogas.

Esos problemas delictivos pueden convertirse en problemas de inmigración —hasta para los menores de edad.

- Evite cualquier contacto con el sistema de justicia o con cualquier funcionario de inmigración.

¿Puedo regresar a EE.UU. después de ser deportado?

Después de ser deportado, usted puede tener prohibida la entrada en EE.UU. por el resto de su vida. Sólo en algunos casos puede solicitar el regreso si tiene méritos para una dispensa. Aun entonces debe esperar años fuera de EE.UU. antes de que pueda incluso solicitar una visa, y no hay ninguna garantía de que recibirá permiso para volver o podrá solicitar una despensa o un perdón que le permita volver a EE.UU. Es muy complicado y potencialmente riesgoso regresar a EE.UU. si ha sido deportado en el pasado, de manera que debe pedirle ayuda a un abogado con experiencia en cuestiones de inmigración o a un representante acreditado.

Si usted reingresa ilegalmente en EE.UU. luego de haber recibido una orden de deportación o remoción, simplemente puede ser deportado de nuevo sin comparecer a una audien—

cia. Según la razón de por qué fue deportado, también puede tocarle un tiempo en una prisión federal por haber reentrado ilegalmente en el país luego de haber sido deportado por de–terminados delitos para luego, al término de su sentencia, ser deportado nuevamente y quedar excluido de cualquier perdón de inmigración.

ADVERTENCIA: PARA LOS QUE SE ENCUENTRAN EN LA CORTE PENAL

Si tiene pendiente un caso penal en contra suya y no es ciuda-dano norteamericano, debe contarle a su defensor público o a su abogado acerca de su estatus migratorio y debe pregun-tarle cuáles son las consecuencias de inmigración para su caso. Su demanda debe alertar a su abogado defensor de que podría haber consecuencias de inmigración en su caso y de que deben resolver su caso de manera que no lo haga a usted de-portable, excluido de futuros beneficios de inmigración o identificable a la ICE para trámites de deportación. Si se en-cuentra en la cárcel durante sus trámites judiciales y viene un agente de la ICE a interrogarlo, no responda a ninguna pre-gunta, no mienta y no firme nada sin hablar primero con un abogado con experiencia en cuestiones de inmigración o un representante acreditado. No diga su nombre y no diga nada respecto a donde nació ni cómo entró en EE.UU. Simplemente dígales que usted no quiere hablar salvo en presencia de un abogado.

EJEMPLO: *Miguel fue deportado en 1994. Regresó a EE.UU. en 1998 valiéndose de documentos falsificados. A principios de este año se casó y ahora quiere solicitar una tarjeta verde a través de su esposa que es ciudadana norteamericana. ¿Es seguro para él* *hacer eso? ¡No! Cuando comparezca para su entreaudiencia de inmigración (o en cualquier otro momento en que se ponga en contacto con las autoridades de inmigración) sencillamente pueden arrestarlo y usar su antigua orden de deportación para sacarlo rápidamente de EE.UU.*

Esta área de la ley está actualmente sujeta a cambios. Es de esperar que habrá más opciones de inmigración disponibles para personas que tienen antiguas órdenes de deportación o remoción, pero ése NO es el caso ahora.

> **ADVERTENCIA:** Si usted ha sido deportado alguna vez, o detenido por un agente de inmigración en la frontera y devuelto a su país de origen, debe consultar con un abogado especializado en inmigración o un representante acreditado antes de tener cualquier contacto con inmigración.

¿Qué es un centro de detención de inmigración?

Un centro de detención de inmigración es una cárcel de inmigración en la cual un individuo que no es ciudadano norteamericano debe permanecer hasta que sea deportado o gane su caso de deportación. La detención de inmigración puede tener lugar en una cárcel local, en una prisión privada o en un centro de detención federal de inmigración.

¿Cuándo puedo ser detenido?

Hay varios lugares y situaciones que pueden llevarle, como un no ciudadano, a ser detenido. Entre ellos se incluyen:

- Si es detenido en el aeropuerto luego de regresar de un viaje al extranjero.

- Mientras se encuentra en la cárcel a la espera de un veredicto por un caso penal o de cumplir una sentencia de prisión que le fue impuesta y es interrogado por las autoridades de inmigración.

- Cuando solicita un beneficio de inmigración, tal como la ciudadanía norteamericana, una residencia permanente u otras visas.

- Cuando ha tenido anteriormente órdenes de deportación en su contra. Actualmente, el gobierno lleva a cabo operaciones de redada para encontrar y detener a personas contra quienes se hayan librado anteriormente órdenes de deportación.

- Redadas en casas, en el trabajo y en la calle. Los agentes de la ICE tienen ciertas prioridades al llevar a cabo sus redadas: se concentran en inmigrantes que saben que ya son deportables, incluidos los que usan números falsos del seguro social para obtener empleo, los que tienen antecedentes penales, aquellos contra los que ya se han cursado órdenes de deportación y los que se presume que están afiliados a pandillas. Mientras rastrean a estos individuos, los agentes de la ICE pueden capturar a otros en la zona que sospechen que son indocumentados a deportables. Estas detenciones se llaman «arrestos colaterales».

¿Cómo puedo localizar a alguien que se encuentra en un centro de detención de inmigración?

Si tiene el nombre y el número de identificación migratorio de la persona, o el *A number*, puede llamar a la oficina de deportación de su localidad y preguntar dónde está localizada la persona. Puede encontrar el número local de la oficina de deportación llamando al número telefónico de la sede central de la Oficina de Detención y Remoción 202–305–2734. Recuerde que las personas detenidas pueden estar cerca o muy lejos de sus hogares en centros de detención de inmigración, cárceles municipales u otros sitios con los cuales el gobierno haya hecho contratos.

¿Qué podría hacer la ICE si me arrestan o me detienen?

Un agente de la ICE por lo general no le dirá cuáles son sus derechos y usualmente le preguntará acerca de su estatus legal en este país. Si la ICE obtiene legalmente esta información de usted, pueden usarla para deportarlo —y con frecuencia obtienen la información que necesitan de solo preguntar. Es pues muy importante que permanezca callado hasta que hable con un abogado, ya que podrían haber algunas posibilidades para que pueda quedarse en EE.UU. o tenga otros derechos que desconozca.

Pueden pedirle que firme una orden de *salida voluntaria*. Firmar ese papel suele significar que tendrá que salir inmediatamente de EE.UU. La ICE incluso podría amenazarlo de meterlo en la cárcel por largo tiempo si no firma ese papel. La ICE no debe hacer esas amenazas y usted debe seguir rehusando firmar ese papel hasta que hable con un abogado con experiencia en cuestiones de inmigración o un representante acreditado.

También pueden pedirle que firme un papel en el que reconozca que estaba usando documentos falsificados tales como una tarjeta verde, un pasaporte, una inscripción de nacimiento, un certificado de ciudadanía norteamericana o una tarjeta de seguro social. De nuevo, no firme este papel sin hablar primero con un abogado con experiencia en cuestiones de inmigración o un representante acreditado. Firmar el papel puede dar lugar a consecuencias negativas y usted puede ser deportado de EE.UU. sin la posibilidad de regresar jamás.

¿Qué debería hacer si la ICE me arresta o me detiene?

No diga nada hasta que haya hablado con un abogado o un representante acreditado.

USTED TIENE EL DERECHO A GUARDAR SILENCIO. No responda a ninguna pregunta. Si usted es indocumentado, no diga su nombre, ni donde nació, ni como entró en EE.UU. Puede decirles simplemente que no quiere hablarles y que preferiría hacerlo con un abogado.

Insista en hablar con un abogado con experiencia en cuestiones de inmigración o un representante acreditado. Si no tiene un abogado o un representante acreditado puede pedirle al agente de la ICE una lista de abogados de oficio que brindan sus servicios gratuitamente o a poco costo. No le muestre al ICE ningún documento, excepto una carta de un abogado.

No firme nada, en particular una Orden de Salida voluntaria o cualquier admisión de que usted usaba documentos falsos, sin hablar primero con un abogado con experiencia en cuestiones de inmigración o un representante acreditado.

Dígale al agente de la ICE que usted quiere una audiencia en la ciudad más cercana al sitio en que usted vive donde haya un tribunal de inmigración (de manera que no transfieran su caso y se lo lleven lejos de sus amigos y familiares). Usted tiene derecho a hacer una llamada telefónica después de haber sido arrestado.

¿Qué debo hacer si la ICE viene a mi casa?

NO ABRA LA PUERTA. Pida ver una orden de allanamiento o de registro, que es un mandamiento en que un juez autoriza a la ICE a entrar en su casa (y registrarla) o una orden de arresto, un documento legal que autoriza a la ICE a arrestar a alguien nombrado en él. Si el agente de la ICE no le muestra la orden de allanamiento o arresto, usted no tiene que abrir la puerta y no tiene que darles permiso para entrar en su casa.

Si presentan la orden de allanamiento, debe dejarlos entrar. Aún si cuentan con una orden de allanamiento o arresto y entran en su casa, usted tiene el derecho a permanecer callado. No responda a preguntas. No les diga su nombre ni les de ninguna información respecto a dónde nació ni cómo vino a Estados Unidos. Simplemente dígales que no quiere hablar con ellos y que preferiría hablar con un abogado.

De nuevo, no firme nada, especialmente una orden de salida voluntaria, sin hablar primero con un abogado con experiencia en cuestiones de inmigración o un representante acreditado. No enseñe ningún documento si los agentes no le muestran una orden de registro.

¿Qué pasa si soy un indocumentado y la ICE hace una redada en mi centro de trabajo?

USTED TIENE EL DERECHO A GUARDAR SILENCIO. Mantenga la calma y no corra. Usted puede salir tranquilamente de un área donde ha entrado la ICE. No responda a preguntas ni les diga nada acerca de dónde nació y de cómo entró en EE.UU. Dígales simplemente que no quiere hablar o que quiere hablar con un abogado. No firme nada, en particular una orden de salida voluntaria, sin primero hablar con un abogado con experiencia en cuestiones de inmigración o un representante acreditado.

¿Qué pasa si soy un indocumentado y un agente de la ICE me para en la calle?

NO SALGA CORRIENDO. Si un agente de la ICE, o cualquier otro agente de inmigración comienza a hacerle preguntas mientras camina por la calle o por un lugar público, tal como un estacionamiento, usted puede seguir caminando. El agente de la ICE tiene que dejar que usted siga caminando si no tiene una *buena* razón para seguir haciéndole preguntas (Una de esas buenas razones es si anteriormente encontró muchos trabajadores indocumentados en la zona.) No pueden detenerlo sólo porque usted es latino o porque tiene acento. Recuerde que tiene el derecho a quedarse callado. Haga lo que haga, no corra. Si corre, les da una buena razón para detenerlo.

¿Qué pasa si un agente de la ICE me detiene en mi auto y quiere registrarlo?

Un agente de la ICE necesita una buena razón para detenerlo y registrar su auto. Una buena razón para detener su auto puede ser el que usted haya cometido una infracción de las leyes del tránsito, tal como el conducir a exceso de velocidad. Una vez que le hayan detenido su auto, la ICE debe tener una buena razón para registrarlo, sin una orden de registro. Una buena razón incluye el hecho de que el agente de la ICE vea drogas in su auto. Si la ICE tiene una buena razón para detenerlo (por ejemplo, ver si tiene drogas en su auto), pueden registrar su auto sin un mandamiento judicial. Si no tienen una buena razón y carecen de un mandamiento judicial, es muy importante no darles permiso para registrar el auto.

Si la policía lo para, usted no tiene que mostrarle ningún documento, excepto la licencia de conducir y la inscripción del auto. La policía no debe hacerle ninguna pregunta acerca de su estatus legal en este país y no debe pedirle que le deje ver sus documentos de inmigración. Si le preguntan algo acerca de su estatus de inmigración, cerciórese de permanecer callado.

¿Cuáles son mis derechos en la frontera?

Usted tiene menos y diferentes derechos en la frontera de los que tiene en el interior de EE.UU. Recuerde que la «frontera» no incluye sólo la línea divisoria entre EE.UU. y México o Canadá, sino también los aeropuertos en todas partes de EE.UU., y las zonas cercanas a la frontera. Por ejemplo, hay puntos de control fronterizos a lo largo del sur de California. En esos lugares, la ICE puede detenerlo e interrogarlo y usted tiene que probar que tiene permiso legal para entrar en EE.UU. También pueden registrar su equipaje sin necesidad de un mandamiento judicial. Recuerde que, si se encuentra en EE.UU., usted siempre tiene el derecho a guardar silencio y que puede insistir en hablar con un abogado. Si se encuentra en un aeropuerto y aun no ha entrado en EE.UU., no tiene el derecho a ver a un abogado.

Si soy un indocumentado, ¿es seguro para mí llamar a la policía en caso de emergencia?

Si se encuentra en una situación en que peligra su vida o en una emergencia, debe llamar a la policía. La mayoría de los cuerpos de policía no le informarán a las autoridades de inmigración sobre usted simplemente por ser un indocumentado. La mayoría de los cuerpos de policía estatales y municipales no están obligados a cumplir las leyes de inmigración.

Sin embargo, existen algunos riesgos en ponerse en contacto con la policía. Primero, la policía puede informarle a la ICE acerca de usted si quisiera (aunque unas pocas ciudades tienen ordenanzas de santuario, de manera que la policía por lo general no informará sobre personas indocumentadas, usted debe comprobar si su ciudad se encuentra entre ellas). Segundo, los departamentos de policía de algunas ciudades ya cooperan con la ICE en informar sobre personas indocumentadas. Tercero, recientemente se han presentado proyectos de ley que *le impondrían* a la policía estatal y municipal que hagan cumplir las leyes de inmigración y denuncien a los indocumentados, y unos cuantos estados han firmado convenios con el gobierno federal para aplicar las leyes de inmigración. Usted debe, pues, mantenerse al tanto de los cambios en la política de inmigración.

5

Lo que debe saber acerca de su tarjeta verde una vez que la tenga

¿Deberé renovar mi tarjeta verde?

Las tarjetas verdes se expiden con una fecha de vencimiento de diez años. Esto no significa que usted tendrá que volver a solicitar su residencia permanente. Significa tan sólo que cada diez años tendrá que solicitar que le renueven su tarjeta.

¿Cómo puedo obtener una copia de mi expediente de inmigración?

A veces las personas necesitan copias de su expediente de in—migración porque han perdido sus documentos y deben dar pruebas de su estatus para reemplazar una tarjeta verde o un cer—tificado de naturalización, o de otro modo verificar su status en EE. UU.

Si en algún momento lo necisita, puede solicitar una copia de su expediente de inmigración del INS a la CIS mediante una petición dirigida a la CIS en base a la Ley de Libertad de Información y la Ley de Privacidad en el Formulario G–639. Esta solicitud pude descargarse de la página wed de la CIS en www.uscis.gov. No necesita enviar ningún dinero con su petición.

¿Cuánto tiempo puedo estar fuera de EE.UU. y seguir siendo considerado un residente permanente?

Aunque no existe realmente ningún período de tiempo fijo que un residente permanente pueda estar en el extranjero y conservar su condición de residente permanente, muchos abogados creen que es mejor no permanecer en el extranjero por más de seis meses seguidos. Sin embargo, en la práctica las leyes son mucho más complicadas. A un residente permanente no le está permitido «abandonar» su residencia permanente y se espera que mantenga su tarjeta verde. Por lo general, si un residente permanente se va a vivir a otro país o permanece en el extranjero durante mucho tiempo, el Servicio de Inmigración podría aducir que él o ella ha «abandonado» su residencia y ponerlo/a en proceso de deportación con el expreso propósito de intentar retirarle su tarjeta verde y deportarlo/a. El Servicio de Inmigración y los tribunales examinarán la razón o intención del residente permanente para salir de Estados Unidos y los lazos que ha mantenido con el país mientras ha estado en el extranjero a la hora de decidir si un residente permanente ha abandonado su residencia. Aunque el tiempo que el residente pase en el extranjero es importante, no es el único factor para decidir si ha incurrido en un abandono. Es común que un residente permanente salga para hacer una visita temporal al exterior (de vacaciones o para atender a un pariente que se encuentre enfermo) por más de seis meses sin arriesgarse a incurrir en un abandono, y es posible que un residente salga por menos de seis meses, pero con la intención de vivir en el extranjero y no simplemente de hacer una visita, y consideren que él o ella ha abandonado su residencia.

Por la general, si quiere conservar su tarjeta verde pero también quiere viajar...

- No se mude de manera permanente a otro país.
- Sólo salga al extranjero si se propone hacer una visita y regresar a EE.UU. luego de un período de tiempo relativamente corto.
- Mantenga, si es posible, sus nexos con EE.UU., tales como una cuenta bancaria, su domicilio, ropas, empleo, y debe seguir declarando sus impuestos en EE.UU.
- Solicite un permiso para regresar a EE.UU. si se va a ausentar por un período de tiempo largo. Puede hacer esta solicitud, llenando un formulario I–131de permiso de reingreso *(Reentry Permit)* antes de salir de Estados Unidos.

Si se propone estar en el extranjero por más de seis meses, consulte con un abogado o un representante acreditado antes de hacerlo.

Tengo una tarjeta verde, pero quiero estudiar en el exterior durante un año. ¿Qué puedo hacer para no perder mi tarjeta verde?

Antes de irse a vivir al exterior, debe solicitar de la CIS un permiso de reingreso, con menos de treinta días de antelación a la fecha de su partida. A partir de septiembre de 2006, el proceso de solicitud conlleva enviar al Centro de Servicio de la CIS en Nebraska el Formulario I–131, una copia de su tarjeta verde, dos fotografías y (en forma de cheque o giro postal) el pago de su solicitud. Si la CIS aprueba su petición de un permiso de reingreso, se lo enviará por correo y será válido por dos años. Cerciórese de que la CIS tiene su dirección correcta y actual.

ADVERTENCIA: NOTIFÍQUELE A LA CIS SU CAMBIO DE DIRECCIÓN

La ley dice que debe notificarle a la CIS en el transcurso de 10 dias su cambio de dirección. Puede hacer esto mediante el Formulario AR–11 de la CIS. El formulario puede descargarse de la página Web de la CIS en www.cis.gov e incluye una dirección para presentarlo. De ser posible, envie el AR–11 por correo certificado con acuse de recibo, y haga una copia del AR–11 como prueba de que usted presentó la solicitud. Es de especial importancia que notifique a la CIS de un cambio de dirección si tiene una solicitud pendiente con ellos, de manera que esté seguro de recibir cualquier aviso que la CIS le mande.

6

Viajar a Estados Unidos

Puede tener muchas razones para viajar dentro y fuera de Estados Unidos, independientemente de su estatus de inmigración. Pero tal vez no pueda entrar y salir como le plazca. He aquí lo que puede esperar de los funcionarios de inmigración cuando intente viajar.

¿Qué ocurrirá cuando llegue a EE.UU. con mis documentos de inmigración?

Usted pasará por una *inspección*, que significa que sus documentos serán revisados por un agente de inmigración de la Aduana y Patrulla Fronteriza (CBP, sigla en inglés) una rama del Departamento de Seguridad Nacional. La CBP es responsable de cerciorarse de que las personas que entran en EE.UU. tienen permiso legal de hacerlo. Están autorizados para revisar los documentos de los que llegan por los aeropuertos y fronteras terrestres y también tienen la autoridad de arrestar a personas indocumentadas que viajan por tierra a EE.UU.

He aprobado la entrevista de la tarjeta verde en el consulado, y voy a EE.UU. como inmigrante, ¿qué ocurrirá?

Una vez que lo aprueben en la entrevista de su trámite consular, el agente consular le dará algunos papeles, entre ellos una visa de inmigrante, en un sobre sellado que debe mostrar en la frontera de EE.UU. donde solicitará su ingreso. En la frontera, un agente de la CBP le sellará su pasaporte y lo convertirá en un residente permanente a partir del día de su entrada en EE.UU. Recibirá su tarjeta verde por correo dentro de pocos meses. Cerciórese de que el gobierno tiene su dirección correcta.

ADVERTENCIA: Debe entrar en Estados Unidos en el transcurso de seis meses de la entrevista de su visa de inmigrante o su visa caducará y no podrá ingresar como residente permanente.

Soy un residente permanente que regreso a EE.UU. de un viaje al extranjero. ¿Qué debo mostrar en la frontera?

Deberá mostrar su pasaporte y su tarjeta verde (de residente permanente o LPR, sigla en inglés), aun si viniera de Canadá o México. También necesita probar que es admisible.

Si ya soy residente permanente de EE.UU., ¿por qué necesito probar que soy admisible?

Como residente permanente a usted pueden impedirle regresar a EE.UU. luego de un viaje al extranjero, y podría perder su residencia permanente si usted:

- Abandonó su estatus de residente permanente (LPR).
- Ha estado ausente de EE.UU. durante más de 180 días (6

meses), y cae en una de las razones de exclusión que aparecen en el capítulo 2.

- Ha cometido una acción ilícita luego de salir de EE.UU.
- Salió de EE.UU. mientras el gobierno estaba en trámites de deportarlo a su país de origen.
- Cometió un delito en EE.UU., a menos que el gobierno le conceda una dispensa.
- Intenta entrar o ha entrado sin inspección (quiere decir, sin pasar por un agente de la CBP).

Si le han dicho que es excluible por una de esas razones, tiene el derecho a una audiencia ante un juez de inmigración, y usted puede presentar pruebas que demuestren que debe ser admitido. Debe contratar los servicios de un abogado con experiencia en cuestiones de inmigración o de un representante acreditado para que lo defienda en su audiencia si ésta llega a tener lugar. No debe renunciar a sus derechos de una audiencia.

Voy a EE.UU. con una visa de no–inmigrante o bajo el programa de dispensa de visa (*Visa Waiver*). ¿Qué me pasará en la frontera?

Un agente de la CBP revisará sus documentos para cerciorarse de que son válidos y, si queda satisfecho, lo dejará entrar en EE.UU. El tiempo que le permitan quedarse en EE.UU. dependerá del tipo de visa que usted tenga, tal como ya explicamos en el capítulo 1.

¿Qué documentos debo tener al llegar?

Debe tener un pasaporte que sea válido al menos por seis meses y una visa sellada en su pasaporte que sea válida, o tendría que tener derecho a entrar en EE.UU. sin una visa de conformidad con el programa de dispensa de visa (*Visa Waiver*). También necesita un aviso de aprobación para su visa, dependiendo del tipo de visa de no–inmigrante que tenga. Un aviso de aprobación es un papel del gobierno de EE.UU. que dice que su visa está aprobada.

¿Qué pasa si el agente de la CBP no está satisfecho con mis documentos?

Pueden suceder varias cosas. Le podrían dar la oportunidad de retirar su solicitud de admisión y regresar a su país, o podría verse sujeto a una remoción expedita, tal como explicamos previamente en el capítulo 4.

Si usted es residente permanente, tiene derecho a una audiencia ante un juez de inmigración, y tiene derecho a contratar los servicios de un abogado que lo represente. El gobierno no pagará los costos del abogado que ha de representarlo.

¿Qué es una inspección secundaria?

Si el primer agente de la CBP tiene preguntas adicionales que hacerle, él o ella lo llevarán a un cuarto aparte de la casilla de inspección regular. A esto se le llama *inspección secundaria*.

Si lo envían a una inspección secundaria, lo interrogarán acerca de su derecho a entrar en EE.UU. Debe intentar mantener la calma y responder a las preguntas del agente lo mejor que pueda. No debe permitir que el agente de la CBP lo persuada a que firme ningún documento que usted no entienda o con el que no esté de acuerdo. ¡ESTO ES MUY IMPORTANTE! Desafortunadamente, usted no cuenta con un abogado en un puesto de inspección secundaria. Si usted es residente permanente, o la CBP no ha determinado si es admisible, le pueden dar una cita para una *inspección diferida* luego de ser interrogado en una inspección primaria o secundaria.

¿Qué es una inspección diferida?

Una inspección diferida es una cita con un agente de la CBP, que puede tener lugar en una oficina de la CBP de un aeropuerto, en un puesto fronterizo o en cualquier otro lugar. A una persona con una cita para una inspección diferida no se la considera «admitida» en EE.UU., más bien, su admisibilidad queda aplazada hasta el momento de la cita. Una persona con una inspección diferida dispondrá de algún tiempo para reunir documentos a fin de probar su admisibilidad, y puede contratar a un abogado o a un representante acreditado para que le ayude a reunir la documentación. Un abogado o un representante acreditado también puede acompañar a la persona a la entrevista de la inspección diferida, pero su papel es más restringido que en una audiencia. El agente de la CBP en una inspección diferida no tiene que escuchar lo que el abogado tiene que decir, pero no obstante puede hacerlo.

¿Qué significa el retirar mi solicitud de ingreso o admisión?

Significa que usted renuncia a su intención de entrar en EE.UU. y regresa a su país de origen. No está garantizado que sea algo que usted pueda hacer, pero a veces sucede si el agente de la CBP lo permite.

¿Qué debo saber sobre la Patrulla Fronteriza?

La Patrulla Fronteriza es la parte de la CBP que funciona usualmente entre los puertos de entrada y tiene autoridad para evitar el ingreso de personas en EE.UU. y evitar que permanezcan ilegalmente en sus zonas fronterizas. La Patrulla Fronteriza opera no sólo en las fronteras terrestres, sino también en los aeropuertos y dentro de 100 millas de cualquier frontera terrestre o marítima del país.

Los agentes de la Patrulla Fronteriza pueden cuestionarlo y detenerlo si usted no tiene documentos. También pueden deportarlo si usted ha estado en el país durante 14 días o menos y lo encuentran a 100 millas o menos de cualquier frontera terrestre o marítima dentro de EE.UU. Si lo deportan de esta manera, le habrán aplicado una orden de remoción expedita.

Si no tiene documentos, tiene el derecho a:
- No responder a preguntas sobre su estatus migratorio.
- Reclamar la presencia de un abogado.
- Solicitar una audiencia.

Si tiene los documentos:
- Puede identificarse y mostrar sus documentos a inmigración, pero no tiene que hacerlo.
- Tiene el derecho a no responder preguntas acerca de su estatus migratorio.
- Tiene el derecho a reclamar la presencia de un abogado.
- Tiene derecho a pedir una audiencia.

Si lo detiene la Patrulla Fronteriza:
- No responda a ninguna pregunta. A menos que se encuentre legalmente en EE.UU., no diga nada sobre al lugar en que nació ni de la manera en que entró en Estados Unidos.
- No muestre documento alguno, excepto una carta de un abogado o un representante acreditado. ¡Sobre todo, no muestre ningún documento falso!
- No firme ningún papel sin hablar primero con un abogado con experiencia en cuestiones de inmigración o con un representante acreditado.
- Dígale al agente que quiere tener una audiencia, y que quiere que el lugar sea en una ciudad con el tribunal de inmigración

que quede más cerca de donde usted vive (de manera que su caso no sea transferido muy lejos).

¿Qué es la tarjeta de cruce fronterizo?

Una tarjeta de cruce fronterizo (o BCC, sigla en inglés), es una identificación sólo a disposición de nacionales mexicanos, que le permite a su portador entrar en EE.UU. hasta por treinta días. Las personas con una BCC pueden viajar hasta 25 millas dentro de la mayoría de los lugares, y hasta 75 millas de la frontera si la admiten en ciertos lugares del estado de Arizona. Las viejas tarjetas de BCC que no contienen información computarizada ya no son válidas. A una persona con una BCC no le dan un sello de admisión ni ningún otro documento cuando entra en EE.UU. El gobierno norteamericano está en trámites para cambiar los requisitos del documento para entrar en EE.UU., y no resulta claro si seguirán expidiendo la BCC en el futuro. Sin embargo, las personas que las tienen pueden seguirlas usando hasta que sean canceladas.

¿Quién debe tener un pasaporte para entrar en EE.UU.?

A partir de noviembre de 2006, todo el mundo que llegue por avión debe tener un pasaporte válido para entrar en EE.UU. Éste no fue siempre el caso para los mexicanos y canadienses, pero ahora ellos no están exentos del requisito del pasaporte. Las personas que lleguen por mar o por tierra puede que estén exentas del requisito del pasaporte, pero eso también es probable que cambie pronto.

7

¿Cómo y por qué debo convertirme en ciudadano de Estados Unidos?

Hay cuatro maneras de convertirse en ciudadano norte–americano.

1. Si ha nacido en Estados Unidos, usted es automáticamente ciudadano norteamericano.

2. En algunos casos, puede convertirse automáticamente en ciudadano norteamericano aunque haya nacido fuera de EE.UU., si uno de sus padres —o ambos— era ciudadano norteamericano en el momento en que usted nació. Las normas de ciudadanía para las personas que nacen fuera de EE.UU. son muy complicadas. Si usted nació fuera de EE.UU. pero uno de sus padres es ciudadano norteamericano, debe hablar con un abogado con experiencia en cuestiones de inmigración o con un representante acredi-

tado para determinar si adquiere automáticamente la ciudadanía.

3. Si tiene una tarjeta verde y es menor de 18 años cuando uno de sus padres —o ambos— se convirtió en ciudadano norteamericano, aunque haya nacido fuera de EE.UU. Las normas específicas para convertirse en ciudadano norteamericano de esta manera son muy complicadas y, si es su caso, debería hablar con un abogado con experiencia en cuestiones de inmigración o con un representante acreditado para determinar si se convierte en ciudadano norte–americano automáticamente.

4. Si tiene una tarjeta verde, puede convertirse en ciudadano norteamericano mediante un trámite de naturalización.

¿Por qué debería hacerme ciudadano norteamericano?

Hay muchas razones para hacerse ciudadano norteamericano.

- Puede votar en las elecciones de EE.UU. y ayudar a dar forma a la política nacional y las políticas locales que lo afectan a usted y a su familia.
- Puede tener un pasaporte de EE.UU., lo cual puede facilitarle el viajar a otros países y a obtener ayuda del gobierno norte–americano más fácilmente cuando se encuentre en otro país.
- Puede reclamar a más miembros de su familia de lo que puede hacerlo como un residente permanente. Por lo general, el proceso es más rápido para los ciudadanos.
- No puede ser deportado y no le pueden impedir la entrada en EE.UU.
- Puede vivir en otro país por el tiempo que quiera sin que eso afecte su ciudadanía. (En contraste, los residentes permanentes pueden perder su estatus si abandonan su residencia por vivir en otro país).

- Puede ocupar cargos públicos y ciertos empleos del gobierno.
- Puede participar, como ciudadano, en ciertos programas del gobierno y recibir beneficios tales como cupones de alimentos y SSI (sostén para los ancianos, ciegos y discapacitados).

¿Qué debo tener en cuenta antes de solicitar la ciudadanía norteamericana?

Hay varios factores que debe tener en cuenta, entre ellos:

- El proceso de naturalización para obtener la ciudadanía puede ser difícil para algunas personas. Por ejemplo, los requisitos de que hable algo de inglés y responda a preguntas sobre el gobierno y la historia de EE.UU. pueden resultar un gran obstáculo. Sin embargo, puede tomar clases de ciudadanía en escuelas locales para que le ayuden a prepararse. Si tiene una discapacidad que le impide aprender inglés o la historia y el gobierno de Estados Unidos, pueden dispensarle el cumplimiento de esos requisitos.
- Personas con antecedentes penales o de violaciones migratorias deben ser especialmente cuidadoso cuando contemplen convertirse en ciudadanos norteamericanos. Cuando solicite la ciudadanía, la CIS podría descubrir que tiene problemas de inmigración o delictivos, e intentará deportarlo.
- Podría tener que renunciar a su ciudadanía en su país de origen. La embajada de su país de origen podría decirle si permiten la doble ciudadanía.
- Podría tener problemas, posteriormente, para la posesión o compra de propiedades en su país de origen, en dependencia de las leyes de ese país. Diríjase a la embajada de su país natal para obtener más información al respecto.

¿Cómo puedo optar por la ciudadanía norteamericana?

Hay ocho requisitos para optar por la ciudadanía norteamericana mediante la naturalización:

1. Debe ser residente permanente (tener una tarjeta verde) durante cinco años, y su tarjeta verde debe ser válida.
2. Debe haber vivido en EE.UU. al menos durante los últimos cinco años como residente permanente (ser poseedor de una tarjeta verde), y haber vivido al menos durante tres meses en el estado o en el distrito de la CIS donde presentó su solicitud.
3. Debe haber estado físicamente presente dentro de EE.UU. como poseedor de una tarjeta verde por lo menos la mitad de los últimos cinco años (es decir, treinta de los últimos sesenta meses).
4. Debe mostrar que ha tenido «moralidad y buena conducta» durante los cinco años previos a la fecha en la cual solicite la naturalización y durante todo el proceso de naturalización hasta que sea juramentado como ciudadano de EE.UU.
5. Debe tener por lo menos 18 años de edad para solicitar la naturalización.
6. Debe aprobar un examen en el que muestre que puede hablar, leer y escribir inglés.
7. Debe aprobar un examen sobre la historia y el gobierno de EE.UU.
8. Debe hacer un juramento de lealtad a Estados Unidos y a los principios de la Constitución de este país.

¿Una tarjeta verde válida ayuda a la naturalización?

Tener una tarjeta verde válida significa que usted no cometió fraude para entrar en EE.UU. y que no está sujeto a trámites de deportación o remoción. Significa también que no se ha mudado para vivir en otro país en tanto es portador de una tarjeta verde. Si se hubiera mudado a otro país, la CIS podría argüir que usted «ha abandonado su residencia en Estados Unidos» y podría ponerlo en trámites de deportación. Puede evitar la definición de que ha abandonado su residencia, si solicita mediante el formulario I–131, un permiso de reingreso antes de salir de Estados Unidos.

¿Puedo salir del país mientras espero la naturalización?

Tiene que vivir en el país de manera continua por lo menos durante los últimos cinco años como portador de una tarjeta verde antes de tener derecho a la naturalización. Pero le está permitido tomar vacaciones fuera de EE.UU. y aun ser apto para naturalizarse. Si usted deja el país entre seis y doce meses durante un solo viaje después de haber obtenido su tarjeta verde, la CIS puede pedirle que pruebe que su residencia sigue estando en Estados Unidos antes de que pueda hacerse ciudadano. Si no puede probar esto a satisfacción de la CIS, tendrá que esperar cinco años a partir de la fecha en que regresó de su viaje para poder solicitar de nuevo la naturalización.

EJEMPLO: *Mauro salió de EE.UU. por un período de 11 meses. Se fue el 13 de julio de 2004 y regresó el 13 de junio de 2005. Debido a esta ausencia, la CIS le denegó su solicitud de naturalización y determinó que él había roto la continuidad de su residencia. En este caso, Mauro debe esperar cinco años a partir de la fecha en que regresó a Estados Unidos antes de que pueda volver a solici-*

tar la naturalización. Por consiguiente, Mauro puede solicitar la naturalización el 13 de junio de 2010.

Otra norma establece que si abandona el país durante más de un año en cualquier momento en el transcurso de los últimos cinco años, ha roto la continuidad de su residencia y no puede convertirse en ciudadano. La norma estipula que debe esperar cuatro años y un día luego de haber regresado a EE.UU. de su viaje para solicitar la naturalización.

EJEMPLO: *Mauro se fue de EE.UU. por un período de 13 meses. Salió el 13 de julio de 2005 y regresó el 15 de agosto de 2006. Debido a que su ausencia rompió la continuidad de su residencia, debe esperar cuatro años y un día a partir de la fecha en que regresó a EE.UU. antes de que pueda solicitar la naturalización el 16 de agosto de 2010.*

Si establece su residencia fuera de EE.UU. en algún momento desde que obtuvo su tarjeta verde, la CIS puede decidir que ha abandonado o renunciado a su residencia legal norteamericana y puede intentar deportarlo. Si en cualquier momento se muda de Estados Unidos para irse a vivir a otro país, debe hablar con un abogado con experiencia en cuestiones de inmigración o con un representante acreditado antes de intentar solicitar la naturalización.

EJEMPLO: *Hector vivió en Estados Unidos con la tarjeta verde durante quince años. Hace ocho años aproximadamente, decidió regresar a México con su familia para vivir allí. Entregó su apartamento, renunció a su empleo, sacó a sus hijos de la escuela y todos se mudaron a México donde han estado viviendo por dos años. Mientras estuvo en México, Héctor y su esposa compraron* *una casita, consiguieron empleos y todos sus hijos fueron a la escuela, y luego regresaron a Estados Unidos. Si Héctor solicita la naturalización, podrían denegársela y ponerlo en tramite de deportación e incluso deportarlo por abandonar su estatus de residente permanente en Estados Unidos. Algunos abogados pueden aconsejar que lo mejor que Héctor podría hacer es no solicitar nunca la naturalización. Héctor, pues, debe consultar a un abogado con experiencia en cuestiones de inmigración o a un representante acreditado antes de solicitar la naturalización.*

¿Cuándo puedo solicitar la naturalización?

Si ha tenido su tarjeta verde durante cinco años, puede en términos generales solicitar la naturalización tres meses antes de que tenga derecho a naturalizarse.

> **EJEMPLO:** *Tomás ha tenido su tarjeta verde desde el 10 de enero de 2006. Tendrá derecho a la naturalización el 10 de enero de 2011. Sin embargo, Tomás puede solicitar la naturalización tres meses antes, es decir, el 10 de octubre de 2010.*

¿Cómo puedo calcular si tengo suficiente tiempo en EE.UU. para naturalizarme?

Independientemente de cuánto tiempo lleve viviendo en Estados Unidos, aún tendrá que probar que ha estado aquí por lo menos la mitad de los últimos cinco años, es decir treinta meses de los últimos sesenta. De manera que, durante los últimos cinco años, el número de días que ha pasado fuera de Estados Unidos no puede exceder al número de días que ha pasado dentro del país.

> **EJEMPLO:** *A Mary le denegaron la naturalización porque durante los últimos cinco años (sesenta meses) ha estado físicamente presente en el país tan sólo veinticuatro meses. Mary debe*

esperar para solicitar nuevamente su naturalización cuando haya estado físicamente presente en el país al menos treinta meses de los últimos sesenta.

EL REQUISITO DE «MORALIDAD Y BUENA CONDUCTA»

Usted debe ser capaz de mostrar «moralidad y buena conducta» durante los últimos cinco años antes de solicitar la naturalización y durante todo el proceso de la misma. Si ha cometido ciertos delitos, si alguna vez le dijo a un funcionario de EE.UU. que usted era ciudadano norteamericano cuando no lo era, si ayudó a otras personas a entrar ilegalmente en el país, si votó o se registró para votar en una elección en EE.UU. cuando no tenía derecho a votar, si alguna vez un juez ordenó su deportación (para salir de EE.UU.), si no pagó todos los impuestos que debía, si no les proporcionó a sus hijos todo el sostén económico que debía y si recibió ayuda del gobierno (como cupones de alimentos) cuando no tenía derecho a ello, podría tener problemas con su caso de naturalización.

> **EJEMPLO:** *Elena solicitó la naturalización el 13 de septiembre de 2008. Para tener derecho debe mostrar que ha observado moralidad y buena conducta durante todo el período de cinco años que antecede a su solicitud y durante todo el proceso de naturalización. Por consiguiente, debe probar que ha observado moralidad y buena conducta desde el 13 de septiembre de 2003 hasta el 13 de septiembre de 2008 y también durante todo el proceso de la naturalización.*

¿Qué debo comprobar antes de solicitar la naturalización?

Al solicitar la naturalización, invita a la CIS a revisar todos sus antecedentes penales (que obtendrán del FBI), todo su historial de inmigración (que obtendrán de sus propios archivos) y otros hechos acerca de usted. Mientras el gobierno revisa su solicitud, la CIS puede darse cuenta de que usted tiene problemas de inmigración o delictivos que pueden impedirle convertirse en ciudadano norteamericano. Podrían incluso encontrar una razón legal para despojarlo de su tarjeta verde y deportarlo.

Antes de que solicite la naturalización y trate de convertirse en ciudadano norteamericano, cerciórese de que no haya nada que pueda causarle problemas con la CIS. Si cree que puede tener un problema, eso no significa que no pueda solicitar la naturalización. Pero debería hablar primero con un abogado con experiencia en cuestiones de inmigración o con un representante acreditado. Si responde que sí a cualquiera de las preguntas siguientes, debe hablar con un abogado de inmigración con experiencia o con un representante acreditado antes de solicitar la naturalización:

- ¿Ha sido alguna vez arrestado (por la policía, el INS, la ICE, la CBP o el DHS), declarado culpable de cometer un delito, o ha tenido algo que ver con la policía?
- ¿Ha salido de EE.UU. por más de seis meses desde que obtuvo su tarjeta verde?
- ¿Ha trasladado su residencia a otro país desde que obtuvo su tarjeta verde?
- Si ha obtenido su tarjeta verde a través de uno de sus padres, ¿estaba casado en ese momento, pero afirmó no estarlo?
- ¿Suministró información falsa, o se reservó información en su solicitud a la residencia permanente?
- ¿Ha ayudado o ha alentado alguna vez a alguien a cruzar la frontera ilegalmente (sin documentos)?
- ¿Ha entrado en EE.UU. sin pasar por inspección después de obtener su tarjeta verde?
- ¿Ha dado alguna vez información falsa o se ha reservado in-

formación para obtener (o seguir obteniendo) bienestar social u otros beneficios públicos?

- ¿Ha dejado de inscribirse para prestar servicio en las fuerzas armadas de Estados Unidos, si fuera requerido hacerlo? (Todos los hombres, incluidos los no ciudadanos e incluso los que no tienen documentos legales de inmigración, excepto los que tienen visas de no inmigrantes; tales como visas de estudiantes o de visitante, tienen que hacerlo entre los 18 y los 26 años de edad).
- ¿Ha dejado alguna vez de mantener económicamente a sus hijos dependientes o a su cónyuge?
- ¿Ha dicho alguna vez que era ciudadano norteamericano?
- ¿Ha votado o se ha inscrito para votar alguna vez en EE.UU.?
- ¿Ha dejado alguna vez de pagar sus impuestos?
- ¿Ha sido alguna vez miembro del Partido Comunista dentro o fuera de EE.UU.?
- ¿Ha sido deportado alguna vez o ha estado en proceso de deportación?

¿Si me hago ciudadano norteamericano mediante la naturalización, pueden mis hijos menores de 18 años hacerse ciudadanos también?

Sí, en algunos casos, si usted se hace ciudadano norteamericano mediante un proceso de naturalización y su hijo o hija es menor de 18 y tiene una tarjeta verde, puede convertirse automáticamente en ciudadano/a. Las normas específicas para llegar a ser ciudadano norteamericano de este modo son muy complicadas, y usted y su hijo deben ver a un experto en leyes de inmigración para determinar si él o ella se convierte automáticamente en ciudadano gracias a su ciudadanía.

¿Cómo tendré que probar que puedo hablar, leer y escribir inglés corriente?

Aunque no le exigirán que hable, lea o escriba *perfecto* inglés, tendrá que responder en inglés las preguntas del cuestionario acerca de lo que escribió en su formulario de solicitud y acerca de la historia y el gobierno de Estados Unidos. Tendrá que escribir una oración sencilla en inglés. En su entrevista, puede que le exijan que lea en alta voz partes de su solicitud, algunas oraciones sencillas de la serie de preguntas sobre la historia y el gobierno de Estados Unidos. Visite la página web www.uscis.gov para más información sobre el examen escrito en inglés.

¿Existe alguna excepción a la norma de hablar inglés?

Hay tres excepciones:

- En el momento de solicitar la naturalización, si tiene 55 años o más y ha vivido en EE.UU. con una tarjeta verde al menos durante 15 años, no tiene que hablar, leer o escribir nada en inglés para convertirse en ciudadano norteamericano.
- En el momento de su solicitud, si tiene 50 años o más y ha estado viviendo en EE.UU. con una tarjeta verde durante por lo menos 20 años, no tiene que hablar, leer o escribir en inglés para convertirse en ciudadano norteamericano.
- Si tiene una discapacidad física o mental que le impide hablar, leer o escribir inglés, puede solicitarle a la CIS que lo exima de esos requisitos. La CIS llama a esto una dispensa de los requisitos de (idioma) inglés. Para que le concedan esta dispensa, debe presentar el formulario N–648, que debe rellenar un médico especialista en osteopatía o un psicólogo clínico. Es aconsejable que consulte con un abogado con experiencia en cuestiones de inmigración o con un representante acreditado

o una organización comunitaria confiable antes de rellenar este formulario.

EJEMPLO: *Lupe tiene 56 años y ha tenido su tarjeta verde durante 17 años. Ella no necesita aprender inglés para convertirse en ciudadana norteamericana, porque el día en que presentó su solicitud de naturalización, era mayor de 55 años y había tenido su tarjeta verde por más de 15 años.*

ADVERTENCIA: Aprender inglés es importante ya que le facilita aprobar el examen de la ciudadanía, dificulta que algunas personas se aprovechen de usted, le puede ayudar a conseguir empleo, facilita su participación en los asuntos comunitarios y lo ayuda a enterarse de lo que pasa. Para encontrar información sobre clases de inglés, llame a una organización comunitaria, a la oficina del distrito escolar, a la escuela secundaria o a la escuela de adultos, todos ellos de su localidad.

¿Qué es el examen sobre la historia y el gobierno de Estados Unidos?

A fin de convertirse en un ciudadano norteamericano naturalizado, debe aprobar un examen sobre historia y gobierno de Estados Unidos. Esto significa, esencialmente, que durante su entrevista de naturalización debe responder algunas preguntas sobre la historia y el gobierno de Estados Unidos. Las preguntas saldrán de un cuestionario sobre historia y gobierno que se puede conseguir en las agencias comunitarias que ayudan con los casos de naturalización y en la página web de la CIS (www.uscis.gov).

¿Hay algunas excepciones a este requisito?

Si tiene una discapacidad física o mental que le impide probar que conoce la historia y el gobierno de Estados Unidos, puede pedirle a la CIS que lo exima de cumplir con estos requisitos. Este proceso se llama una dispensa. Debe someter un formulario N–648, que debe rellenar un médico especialista en osteopatía o un psicólogo clínico. Es aconsejable que consulte con un abogado con experiencia en cuestiones de inmigración o con un representante acreditado o una organización comunitaria confiable antes de rellenar este formulario.

EJEMPLO: *Ana tuvo un accidente automovilístico y sufrió lesiones graves en la cabeza. Debido a estas lesiones, no puede hablar ni oír, y las cosas se le olvidan con facilidad. Ana aún puede naturalizarse, pero no tendrá que aprender inglés ni la historia y el gobierno de Estados Unidos, siempre que consiga un médico que rellene el formulario de solicitud de dispensa por discapacidad en el cual ésta se prueba.*

Algunas personas pueden tomar un examen más sencillo de historia y gobierno de Estados Unidos. Si usted tiene 65 años o más y ha sido residente permanente durante por lo menos veinte años, le harán el examen a partir de un cuestionario de veinticinco preguntas posibles que son más fáciles que la lista completa. Le permitirán responder estas preguntas en su lengua materna. Visite www.uscis.gov para obtener este cuestionario. Está disponible en inglés, español y chino (mandarín).

¿Qué es el juramento de lealtad a Estados Unidos y a los principios de la Constitución norteamericana?

Durante su entrevista para la naturalización y como parte de su solicitud para la misma, tendrá que responder a varias preguntas sobre su vinculación a Estados Unidos, especialmente su apoyo a la Constitución norteamericana, y su disposición a defender a Estados Unidos. Después de que la CIS apruebe su solicitud, usted debe hacer el juramento de lealtad en que demuestra su apoyo a Estados Unidos.

¿Qué pasa si mi religión me impide hacer un juramento de lealtad a Estados Unidos? ¿Puedo aún convertirme en un ciudadano naturalizado?

Sí, si su religión no le permite hacer ciertos votos, puede pedirle a la CIS que le modifique el juramento de lealtad para que se ajuste a sus limitaciones religiosas. Tenga presente que sólo unas pocas denominaciones religiosas le prohíben a sus fieles hacer ese juramento.

¿Qué pasa si tengo una discapacidad de tal naturaleza que no puedo hacer el juramento de lealtad?

Hay una excepción a la regla de tener que prestar el juramento de lealtad si usted tiene un problema mental o físico que le impide entender el juramento de lealtad. Es aconsejable que consiga una carta de su médico en la que indique que usted no puede prestar el juramento de lealtad debido a una inestabilidad.

¿Hay diferentes requisitos para la naturalización si estoy casado/a y mi cónyuge es ciudadano norteamericano?

Sí, los requisitos para convertirse en ciudadano norteamericano mediante la naturalización son un poquito más fáciles si usted está casado/a con un/a ciudadano/a norteamericano/a. Pero estos requisitos más fáciles sólo se aplican si, antes de presentar su solicitud de naturalización, ha estado viviendo como cónyuge con un ciudadano norteamericano por lo menos durante tres años y su cónyuge ha sido ciudadano norteamericano al menos durante tres años.

Entre los requisitos más fáciles para los cónyuges de ciudadanos norteamericanos se incluyen los siguientes:

- Ha tenido su tarjeta verde por sólo tres años en lugar de cinco antes de tener derecho a la naturalización. Puede solicitarla tres meses antes de que tenga derecho a la naturalización.
- Ha estado físicamente presente en EE.UU. por sólo dieciocho meses (año y medio) en lugar de treinta meses (dos años y medio).
- Ha tenido moralidad y buena conducta durante treinta y seis meses en lugar de sesenta meses.

Los demás requisitos son los mismos, ya esté casado/a con un/a ciudadano/a norteamericano/a o no. Por consiguiente, aún tiene que haber vivido en la zona de la CIS (llamada un «distrito») o en el estado en el cual hace la solicitud durante tres meses antes de presentarla, tomar los exámenes de inglés y de historia y gobierno de EE.UU. a menos que caiga en las excepciones que apuntábamos anteriormente, y debe prestar el juramento de lealtad a Estados Unidos.

EJEMPLO: *José obtuvo su estatus de residente permanente en 2006. En 2007 se casó con una mujer que había sido ciudadana norteamericana toda su vida. Suponiendo que permanezcan casados y viviendo juntos durante tres años, José tendrá derecho a la naturalización en 2010, tres años después de su matrimonio.*

Si él fuera a divorciarse antes de solicitar la naturalización, entonces tendría que esperar hasta 2011, los cinco años completos antes de tener derecho a la naturalización.

¿Estar en las fuerzas armadas me ayuda a convertirme en ciudadano norteamericano?

Sí el estar en las fuerzas armadas puede ayudarlo a convertirse en ciudadano norteamericano. Por ejemplo, en lugar de tener que esperar cinco años como residente permanente para tener derecho a la naturalización, si aún se encuentra en servicio activo en las fuerzas armadas de EE.UU. o ha servido honorablemente en ellas en el transcurso de los últimos seis meses, sólo tendrá que esperar un año como poseedor de una tarjeta verde para tener derecho a la naturalización. Hay otros requisitos que se le facilitan a las personas que prestan servicios en las fuerzas armadas. Sírvase visitar la página web de la CIS (www.uscis.gov), o diríjase a una agencia digna de crédito de su localidad, o consulte con el Punto de Contacto de inmigración en su base militar.

Adicionalmente, si ha servido en las fuerzas armadas durante ciertos períodos de guerra, como la «Guerra al terrorismo» de 2006, usted podría convertirse en ciudadano norteamericano aunque nunca haya sido el poseedor de una tarjeta verde. Para más información sobre este asunto, consulte la página web de la CIS (www.USCIS.gov).

No tiene que pagar ninguna tarifa si solicita la ciudadanía a través del programa de naturalización de las fuerzas armadas.

¿Son diferentes las reglas para hacerse ciudadano norteamericano si obtuve mi tarjeta verde mediante un trámite de asilado o refugiado?

Sí, una regla principal difiere si usted obtuvo su tarjeta verde mediante un trámite de asilo o de refugiado. En lugar de tener que estar en posesión de la tarjeta verde durante cinco años antes de tener derecho a la naturalización, si obtuvo su residencia a través de un trámite de asilo sólo tiene que esperar cuatro años después de convertirse en residente permanente para tener derecho a la naturalización. Si obtuvo su tarjeta verde como refugiado, sólo tiene que esperar cuatro años a partir de la fecha en que entró en EE.UU. como refugiado.

¿Cómo solicito la naturalización?

Hay tres pasos fundamentales para convertirse en un ciudadano naturalizado:

1. Determine si tiene derecho a convertirse en ciudadano norteamericano. ¿Reúne los requisitos? ¿Hay alguna cuestión que le pueda traer problemas con la CIS? Si cree que puede tener algún problema, aún podría solicitar la ciudadanía, pero antes hable con un abogado con experiencia en cuestiones de inmigración o con un representante acreditado.

2. Llene la solicitud de naturalización (Formulario N–400). Visite www.uscis.gov para informarse sobre la obtención de formularios de inmigración.

3. Envíe su solicitud por correo. Envíe la solicitud y los documentos a la oficina de la CIS que le corresponde. Las instrucciones sobre la solicitud de naturalización explican exactamente cómo rellenar el formulario y cómo hallar dónde enviarlo.

¿Qué debo incluir con mi solicitud de naturalización?

- Su formulario de naturalización relleno (Formulario N–400). Cerciórese de llenar todos los espacios en blanco y de firmar el formulario.

- Un cheque o giro postal a la orden del *Department of Homeland Security*. Escriba su número del registro de extranjeros (*A Number*) y «N–400» en el *memo* del cheque. Las tarifas cambian constantemente. Puede encontrar la tarifa requerida en la oficina de la CIS de su zona o en la página web de la CIS en www.uscis.gov.

- Dos fotografías suyas tamaño pasaporte. Escriba con lápiz su nombre y número de extranjero (*A number*) en el dorso de cada foto. Póngalas en un sobre sellado o en una bolsita plástica (de manera que no se separen) y agrégalas al paquete de su solicitud.

- Una copia de su tarjeta de residente permanente (tarjeta verde). Incluya una copia de ambos lados de la tarjeta.

- Envíe su solicitud por correo certificado, con acuse de recibo. Esto puede hacerse en cualquier oficina de correo por unos pocos dólares y puede ayudarle a probar que la CIS la recibió.

- *Siempre guarde copias de todo lo que le ha enviado a la CIS.*

¿Qué pasa si no puedo costear la tarifa?

Si es una persona de bajos ingresos y no tiene suficiente dinero para pagar la tarifa de solicitud, puede pedirle a la CIS una dispensa de tarifa (*fee waiver*). Para obtener más información sobre cómo solicitar la dispensa de tarifa, diríjase a una agencia comunitaria de su zona o visite la página web de la CIS en www.uscis.gov.

¿Qué ocurre después que presento mi solicitud?

Después de presentar su solicitud, recibirá una notificación de la CIS diciéndole dónde y cuándo tomarse las huellas dactilares. Cuando vaya a tomarse las huellas dactilares, lleve consigo su tarjeta verde y cualquier otra forma de identificación (como la licencia de conducir) con su foto.

En casi todas partes del país, tendrá que esperar de seis a

doce meses para su entrevista de naturalización. La CIS le enviará por correo una notificación de cuándo y dónde tendrá lugar su entrevista, por lo general un mes antes de la fecha de ésta. Prepárese para su entrevista estudiando inglés, así como la historia y el gobierno de EE.UU., y las respuestas que escribió en su solicitud de naturalización. Usualmente, podrá encontrar clases de inglés y de preparación para la ciudadanía en una escuela de su comunidad.

Si se muda, llame a la línea telefónica de la CIS al 1–800–870–3676 para cambiar su dirección o puede hacerlo en la página web de la CIS en www.uscis.gov. Estando en la página web de la CIS busque «Address Change» y siga las instrucciones. También necesitará conseguir un formulario de cambio de dirección (AR–11). Cambiar su dirección es muy importante para no perder la notificación de la entrevista. De ser posible, pídale a alguien de su antigua dirección que esté atento a cualquier correo que le llegue de la CIS.

¿Qué pasa si no tengo noticias de la CIS durante un largo tiempo luego de presentar mi solicitud?

Ésta es una buena razón para buscar una cita de *InfoPass* con la CIS, tal como explicamos en el capítulo 1. Entre otras razones para solicitar una cita se incluyen si ha cambiado su dirección o está confuso acerca del estatus de su solicitud. Si se ha mudado, cerciórese de rellenar un formulario de cambio de dirección en las oficinas apropiadas. Si no lo hace, eso podría explicar por qué no ha recibido ninguna noticia.

¿Qué pasa si tengo cita para una entrevista y no puedo asistir en esa fecha?

Si bien usted puede cambiar la fecha de su cita, esta petición podría crear un grandísimo retraso. En consecuencia, suele ser mejor asis-

ADVERTENCIA: ¡No se presente en una oficina de la CIS si no tiene documentos legales de inmigración!

tir a la entrevista en la fecha en que la hayan fijado. Si no puede hacerlo, envíe una carta por correo certificado a la oficina de la CIS donde lo habían citado antes de la fecha de la cita, con acuse de recibo, en la que solicite un día y hora nuevos. Incluya en la carta la razón por la cual necesita una nueva fecha para la entrevista.

¿Qué pasa si pierdo mi entrevista sin escribirle a la CIS con antelación?

Aún puede conseguir otra cita si se encuentra dentro del transcurso de un año de la fecha de la entrevista original. Si lo hace en el transcurso de los treinta días de su entrevista original sus oportunidades son aún mejores. Escríbale una carta a la CIS en la que explique por qué perdió la entrevista y le pida una nueva fecha para la misma.

¿Qué debo esperar durante la entrevista?

El agente de la CIS le hará preguntas acerca de la información que aparece en la solicitud y cinco o diez preguntas de la lista de la CIS acerca de la historia y el gobierno de EE.UU. El agente examinará su inglés pidiéndole que responda algunas preguntas durante la entrevista, escriba unas oraciones al dictado y lea algo en voz alta.

Si el agente encuentra algunos problemas en su solicitud, puede que le pida que rellene formularios durante la entrevista o que los rellene en su casa y los envíe de vuelta a la CIS. Él o ella puede pedirle también que presente otros documentos. Si tiene que enviar otros documentos a la CIS, obtendrá un formulario especial llamado N–14, que indicará lo que la CIS necesita y cuándo debe enviarlos de vuelta.

¿Qué debo llevar a mi entrevista?

El gobierno le enviará una lista de los documentos que necesita llevar. Cerciórese de que lleva consigo su tarjeta verde, su pasaporte (si tiene alguno), un documento de identificación (como la licencia de conducir) que incluye su foto, su certificado de matrimonio o de divorcio, si los tiene, y el original de una sentencia de cualquier tribunal. También debe llevar una copia de su solicitud de naturalización de manera que pueda estudiarla antes de la entrevista.

¿Qué sucederá si aprueban mi solicitud?

Si la CIS aprueba su solicitud, debe recibir un aviso en que le informen que ha sido aprobado y en que le den una cita para una ceremonia de juramentación. La CIS puede darle este aviso en la misma entrevista o puede enviárselo por correo uno o dos meses después. Responda las preguntas que aparecen al dorso del aviso y tráigalas consigo a la ceremonia de juramentación, junto con su tarjeta verde que tendrá que devolverle a la CIS porque no se la dejarán tener una vez que se haya convertido en ciudadano. En la ceremonia, usted y todos los demás solicitantes de la naturalización deben prometer fidelidad (jurar lealtad) a Estados Unidos. Obtendrá su certificado de ciudadanía el mismo día.

Una vez que haya asistido a la ceremonia de juramentación y haga el juramento de lealtad, ¿puedo inscribirme para votar y solicitar un pasaporte norteamericano?

Sí. Puede inscribirse para votar en el Departamento de Motores y Vehículos (DMV), en la oficina del registro de votantes de su condado y en otros sitios. De hecho, podría tener la oportunidad de inscribirse en la ceremonia de juramentación. Es muy importante que se inscriba para votar, de manera que pueda ayudar a elegir a sus funcionarios públicos, tales como el Presidente de Estados Unidos, el gobernador de su estado y los representantes de su comunidad local.

Asimismo, una vez que tenga su certificado de naturalización puede obtener su pasaporte norteamericano. En ocasiones, la agencia de pasaporte ayuda a las personas a completar el papeleo inmediatamente después de la ceremonia de juramentación. También puede solicitar un pasaporte en muchas oficinas de correo de Estados Unidos.

¿Por qué razón la CIS me denegaría mi solicitud?

Hay muchas razones por las cuales la CIS podría denegarle su solicitud, entre ellas:

- *No aprobó los exámenes de inglés o de historia y de gobierno de Estados Unidos.* Ésta es una de las razones más comunes por las que la gente desaprueba. Si esto sucede, la CIS automáticamente le dará otra entrevista dos o tres meses después de la primera, durante la cual usted tendrá otra oportunidad de responder las preguntas.

- *La CIS necesita más información.* Algunas veces el agente de la CIS le pide documentos para probar algo de su solicitud, tal como un antecedente de arresto o una carta de una agencia del gobierno. El agente le dará un formulario, llamado N–14, que lista los documentos que necesita y cuándo debe presentarlos en la CIS. Si los presenta dentro del límite de tiempo, y no muestran que usted tiene problemas con su solicitud, la CIS le enviará una notificación diciéndole que usted ha sido aprobado y le darán una cita para la ceremonia de juramentación. Si no envía los documentos a tiempo, o si ellos muestran que tiene un problema con su solicitud, ésta podría ser denegada.

- *La CIS cree que hay un problema con su moralidad y buena conducta.* La CIS puede denegarle su solicitud de naturalización si decide que usted no tiene moralidad y buena conducta por algunas de las razones que aparecen listadas al principio de este capítulo.

- *No ha vivido suficiente tiempo en el país con una tarjeta verde.* Podrían denegarle su solicitud si determinan que no ha estado viviendo en EE.UU. durante cinco años con una tarjeta verde o, si su cónyuge es ciudadano norteamericano, durante tres años.

¿Qué puedo hacer si rechazan mi solicitud de naturalización?

Puede apelar la denegación si cree que se la denegaron injustamente. La apelación se llama Petición de Audiencia sobre un Dictamen en Trámites de Naturalización. Tiene treinta días para apelar el caso. O puede comenzar nuevamente todo el proceso y volver a solicitar la naturalización. Por supuesto, si vuelve a presentar su solicitud tendrá que volver a pagar la tarifa.

EJEMPLO: *Marta solicitó la naturalización, pero se la denegaron porque había tenido su tarjeta verde por cuatro años y ocho meses antes de solicitar la naturalización, en lugar de los cuatro años y nueve meses que exige la ley. Ahora tiene treinta días para decidir si apelará el caso o no ¡y luego presentarlo otra vez! Luego de consultar con un abogado, Marta decidió que era mejor no apelar, porque había hecho la solicitud demasiado pronto y, por consiguiente, no tenía derecho a la naturalización. En lugar de perder dinero en la apelación que le sería denegada de todos modos, decidió volver a solicitar la naturalización. Ahora tiene derecho a solicitarla, porque ha tenido la tarjeta verde por más de cuatro años y nueve meses.*

8

Cómo obtener ayuda con los problemas de inmigración

S US AMIGOS, miembros de su familia y compañeros de trabajo pueden tener experiencia con los problemas de inmigración. Pero sería un error que se aconsejara con ellos —no importa cuán bien intencionados sean— porque puede que no dispongan de información precisa y actual.

Las leyes de inmigración cambian con frecuencia, y usted debería contar sólo con abogados de experiencia y con representantes acreditados para estar al día y con mayor capacidad de apoyo.

Legalmente, sólo un abogado o un representante acreditado puede asesorarlo sobre cómo obtener una tarjeta verde u otros asuntos relacionados con inmigración. Otras personas pueden ayudarle a rellenar formularios, pero no pueden ofrecerle asesoría legal.

ADVERTENCIA: CUÍDESE DE LAS ESTAFAS ASOCIADAS CON LOS TRÁMITES DE INMIGRACIÓN

Tenga cuidado cuando alguien le ofrece ayuda con sus documentos de inmigración. No se deje engañar con falsas promesas. Podría perder su dinero y ser deportado de Estados Unidos. Cuídese de personas que dicen que son «notarios». No son ni abogados ni representantes acreditados.

¿Qué significa ser abogado?

Los abogados están diplomados por el colegio de abogados del estado (*state bar association*) en el cual trabajan. A veces un abogado tiene licencia de un estado y ejerce como abogado de inmigración en otro. Esto se permite en algunos estados, pero no en otros. La mayoría de los estados exigen que los abogados tengan impreso en su papel timbrado y en sus tarjetas de presentación el nombre del lugar donde tienen derecho a ejercer. Usted puede comprobar si el abogado a quien consulta tiene licencia del estado mediante una comprobación con el colegio de abogados del estado donde usted reside o de otros estados en los cuales el abogado dice tener licencia. Si el abogado no aparece con licencia en ninguna parte donde usted pueda encontrarlo, o si él o ella ha sido castigado por el colegio de abogados por algún tipo de conducta impropia, debe buscar a otra persona que lo represente. Tenga en cuenta que en Estados Unidos un notario NO ES abogado, y no se le permite ofrecer asesoría legal. Un notario en EE.UU. es alguien a quien se le permite simplemente autenticar documentos. Un notario no necesita tener ninguna educación, experiencia a conocimiento para desempeñar su trabajo, en tanto un abogado tiene que asistir durante cuatro años a los cursos subgraduados de una universidad, pasar después más tres años en una escuela de derecho, y finalmente aprobar un examen de dos o tres días de duración que suele ser muy difícil.

Para verificar las credenciales de un abogado y cerciorarse si él o ella tiene buenas credenciales en el estado en que usted vive, visite la página web del Colegio de Abogados de Estados Unidos (*American Bar Association*) en www.abanet.org. Recomiendo que se ponga en contacto con el servicio de referencia de la Asociación Americana de Abogados de Inmigración (*American Immigration Lawyers Association*) en el 1–800–954–0254.

¿Qué significa ser un representante acreditado?

Este punto se abordó al principio del libro, pero vale la pena hacerle otra mención. Un representante acreditado trabaja para una organización sin fines de lucro que le presta servicios a inmigrantes y ha sido autorizado por el gobierno a representar a personas en sus trámites de inmigración. Esto significa que un representante acreditado le brinda asesoría legal, y puede ayudarlo a preparar sus documentos de inmigración y acompañarlo a entrevistas o audiencias ante funcionarios o jueces de inmigración. En otras palabras, un representante acreditado puede hacer casi tanto como un abogado para ayudarlo en los trámites y solicitudes de inmigración. Un representante acreditado debe decirle que esto es lo que él o ella es y darles pruebas al respecto si usted se las pide.

ESCOJA A ALGUIEN QUE LO AYUDE

Debe ser muy cuidadoso cuando elija a alguien para que lo ayude. Muchas personas han sido engañadas por confiar en la persona equivocada, y no sólo han perdido dinero, sino que han terminado siendo deportados. Es mejor ir con un abogado con experiencia en cuestiones de inmigración o un representante acreditado, pero aun entonces debe ser cuidadoso. Es sabido que algunos abogados son deshonestos y que han estafado a sus clientes.

Para encontrar a un abogado que lo ayude, llame al colegio de abogados del estado (usted puede encontrar el número en el directorio telefónico) o llame a la Asociación Americana de Abogados de Inmigración 1–800–954–0254 para que lo remitan a un abogado en su zona geográfica. Si tiene acceso a una computadora, también puede buscar el colegio de abogados de cualquier estado en www.google.com.

Para encontrar un representante acreditado que lo ayude, busque una organización de Rescate Internacional, Caridades Católicas u otra organización sin fines de lucro y dedicada a servicios legales que le quede cerca. Estas tres son organizaciones nacionales de gran reputación que ayudan a los inmigrantes con su documentación. Si no pueden ayudarlo, suelen poder informarlo acerca de algún abogado honesto o cualquier otra organización cerca de usted capaz de ayudarlo. También puede aconsejarse con personas respetables de su comunidad, como son los líderes religiosos y comunitarios, que podrían indicarle dónde encontrar ayuda.

¿Cómo evito a las personas que ofrecen trámites de inmigración fraudulentos?

NO confíe en nadie que diga alguna de las siguientes cosas:

- «Podemos conseguirle autorización para trabajar ahora mismo».
- «Brindamos servicios de inmigración *sin riesgos*».
- «Podemos conseguir visas de EE.UU. para usted y los suyos en unas pocas semanas».
- «Conocemos a personas en inmigración que pueden conseguirle sus papeles rápidamente».

ALERTA DE FRAUDE:

ESTÉ ATENTO A LA TRAMPAS DE INMIGRACIÓN

Cuídese de alguien que diga lo siguiente:

- Usted puede solicitar una tarjeta verde porque ha estado aquí diez años.*
- Hay una nueva amnistía, y cualquiera puede acogerse a ella.
- Su empleador puede solicitarle una tarjeta verde, aunque usted no tenga ningún estatus legal de inmigración.
- Su empleador puede solicitarle una tarjeta verde, sin que importe cuál es su empleo ni cuáles son sus destrezas.
- Tengo contactos con empresas que pueden conseguirle una tarjeta verde.
- Puede solicitar asilo para obtener una tarjeta verde.

Lo más probable es que éstas sean trampas. Protéjase y no se deje engañar. Busque una segunda opinión de un abogado de inmigración con experiencia o de un representante acreditado.

---

*Hay algo llamado cancelación de remoción, que se explica en el capítulo 1, que exige de usted tener diez años en EE.UU., moralidad y buena conducta y un padre, cónyuge o hijo ciudadano norteamericano que sufrirá «privaciones excepcionales y extremadamente inusitadas» si usted es deportado. Es muy difícil tener derecho a una cancelación de remoción, y sólo puede solicitarla si ya se encuentra en trámites de deportación ante un juez de inmigración. ¡El solo hecho de llevar diez años aquí NO basta! Como tampoco el ser una buena persona.

La ley de inmigración de EE.UU. es complicada y nunca existen garantías. Un abogado con experiencia en cuestiones de inmigración o un representante acreditado deben poder explicarle cómo y por qué usted tiene derecho a cualquier beneficio de inmigración, y qué riesgo puede correr, si es que hay alguno.

A continuación hay una lista de cosas importantes a tener en cuenta cuando contrate a alguien para que le ayude en sus documentos de inmigración:

- *Nunca* firme ningún papel en blanco.
- *Nunca* firme ningún papel o formulario de inmigración que no entienda del todo. (Haga que alguien en quien usted confíe se lo traduzca).
- *Siempre* exija un contrato por escrito para cualquier servicio de inmigración cuando no esté trabajando con una agencia reconocida por el gobierno para ofrecer servicios de inmigración.
- *Siempre* exija que le especifiquen en el contrato lo que ha de pagar por el servicio.
- *No* firme un contrato que no entienda.
- *Tenga cuidado* con cualquiera que quiera que le pague todos los costos inmediatamente.
- *Siempre* haga copias de los documentos que le preparen.
- *Nunca* deje que nadie guarde sus documentos originales (por ejemplo: inscripciones de nacimiento, certificados de matrimonio).
- *Haga* que le den un recibo por todo el dinero que paga. (Cerciórese de que tienen la cantidad pagada, la fecha en que hizo el pago, su nombre y el nombre de la persona o de la empresa al que usted le pagó).
- *Nunca* trabaje con alguien que no responda a sus preguntas.

¿Qué pasa si ya se cometió el fraude?

Si la persona que lo ha estafado es un abogado, llame al colegio de abogados del estado (*state bar association*) donde le otorgan a los abogados la licencia para ejercer. En California, ese número es: 1–800–843–9053. Cada estado tiene su colegio de abogados, que puede encontrarse en el directorio telefónico en la Internet.

Si la persona que lo estafa no es abogado, usted puede llamar a la oficina del fiscal del distrito de su condado para hacer la denuncia. En California y Texas, la procuraduría general del estado podría ayudarle. El número de teléfono de la Oficina de Ayuda al Inmigrante de la Procuraduría General del Estado de California es el 1–888–587–0557. El número de teléfono del Procurador General del Estado de Texas es el 1–800–252–8011. Las oficinas de otros procuradores generales tal vez puedan prestarle ayuda, tal vez no. Debe comprobar esto en la oficina del procurador general de su estado. Cada estado tiene su propio procurador general (*state attorney general*), que NO debe confundirse con el Secretario de Justicia (*U.S. Attorney General*) que es el abogado principal para todos los Estados Unidos.

9

Cómo trabajar en asuntos que afectan a mi familia, a mi comunidad y a mí

Hay muchos asuntos que le afectan a usted, a su familia y a su comunidad, y usted puede tomar medidas para trabajar a favor de cada causa en que usted crea. Si usted es residente permanente o ciudadano, magnífico. Pero incluso si no lo es, hay tareas a su alcance para tratar de ayudar a mejorar las cosas.

En Estados Unidos muchas personas intentan influir en los puntos de audiencia de los funcionarios electos, entre ellos los miembros del Congreso, así como influir en los medios de prensa: es decir, en los periódicos, la radio y la televisión, y también en Internet.

Es importante participar en el debate de los asuntos que afectan su vida y la de sus amigos, familia y comunidad. ¿Por qué? Porque el Congreso de EE.UU. aprueba leyes que afectan su vida todos los días, y la imagen que dan los medios de prensa sobre la inmigración y los inmigrantes y sus intereses ayuda a moldear la manera en que la gente piensa de usted y su comunidad. Si no participa, otros lo harán. Y su ausencia les dará la oportunidad de presentarlo de un modo que podría dejar de reflejar quien es usted, y aprobar leyes que puedan perjudicarlo en lugar de ayudarlo. Su presencia en estos debates ayudará a garantizar que sus puntos de audiencia sean conocidos, si es que no se reflejan en políticas y leyes.

CÓMO PARTICIPAR

Hay muchas maneras en que puede dejar que la gente se entere de manera efectiva de lo que usted piensa y cómo cree que las leyes y políticas estatales, locales y federales deberían cambiarse para abordar sus necesidades. A las personas que trabajan en pro de los cambios sociales y políticos las llaman *promotores* o *activistas* (*advocates*). Un promotor trabaja en apoyo de algo, para cambiar leyes y políticas con funcionarios del gobierno en todos los niveles. Éstos también trabajan en sus comunidades para generar apoyo para un proyecto o una causa. Los promotores comprenden que los medios de prensa pueden ser una herramienta para resaltar sus puntos de audiencia en la comunidad, con el público en general y con los funcionarios electos.

Una promoción inteligente y exitosa conlleva el trabajo en comunidad, con funcionarios electos y con los medios de prensa. Se basa en los siguientes diez pasos:

1. **Fije las expectativas precisa y estratégicamente**
   Es importante mantenerse en sintonía con el medio ambiente, ser flexible y reconocer la importancia de estra–

tegias a corto, mediano y largo plazo y las tácticas que las reflejan.

Es importante también que no se imponga expectativas demasiado altas ni demasiado bajas. Si se las impone demasiado altas, tendrá muchas dificultades en alcanzar sus metas. Enfrentará un montón de desilusiones y eso hará más difícil motivarlo a usted y a sus colegas. Si sus expectativas son demasiado bajas, *no* estará realizando sus potencialidades. Fijar expectativas adecuadas —porque usted calibra precisamente el ambiente político, el público al que se dirige y sus fuerzas y flaquezas— es esencial para que se mantenga motivado, comprometido y exitoso.

2. **Respalde la necesidad de promoción a corto y largo plazo, y a nivel local, estatal y nacional:**
Los que abogan en pro de la inmigración deben invertir recursos y energía en proteger y expandir la agenda pro inmigración a corto y largo plazo porque la inmigración es y será un asunto de primera importancia en la agenda pública.

3. **Prepárese para responder tanto de una manera activa como reactiva:**
Si bien es importante no dejar pasar nunca sin respuesta una historia negativa, también es decisivo que inicie contactos positivos con sus funcionarios electos y con los medios de prensa. De este modo, usted fijará las condiciones a su gusto y en consonancia con su propia estrategia a largo plazo.

4. **Asuma nuestra manera de hablar y sepa cómo abordar nuestros asuntos:**

   Los que se oponen a la inmigración usan una retórica violenta para asustar a la gente y generar miedo. Igualan a los inmigrantes con los terroristas y hablan de ciudades que están siendo inundadas, de inmigrantes que desplazan a los norteamericanos en el trabajo, de aumento de las tensiones étnicas y de los exorbitantes costos a que se enfrentan particularmente los gobiernos locales y estatales.

   Los que abogan por la inmigración deben enfatizar que los inmigrantes no son terroristas, son fundamentales a la economía norteamericana y reflejan la mejor herencia y tradición de Estados Unidos. De la inmigración debe hablarse en términos de familia, oportunidad, inversión y comunidad y hacer énfasis en que la inmigración hizo que este país sea mejor y más brillante.

5. **Reconozca la importancia del adiestramiento:**

   Es fundamental para promover las agendas en pro de la inmigración y el inmigrante dominar nuevas destrezas que no son difíciles de aprender y que pueden resultar útiles en otras áreas. Tales destrezas conllevan el uso eficaz de nuevas tecnologías, el saber cómo abordar los asuntos de su interés con diferentes públicos, entender el proceso político y mantenerse actualizado de lo que ocurre en áreas que afectan sus intereses.

6. **Desarrolle relaciones a largo plazo con funcionarios electos y con los medios de prensa:**

   El desarrollo de estas relaciones permanentes resulta vital. Póngase frecuentemente en contacto con sus funcionarios electos, instrúyalos respecto a la inmigración, infórmeles de la repercusión local de una ley específica e invítelos a hablar en una reunión de la comunidad, inclúyalos en su directorio y manténgalos informados de los asuntos de interés para usted y su comunidad. Y no se olvide de darles las gracias cuando realicen un buen trabajo.

Un perfil destacado en los medios de prensa exigirá la promoción de historias positivas y de casos que susciten la simpatía relacionados con la inmigración. Preséntese en programas de radio y escriba columnas de opinión para periódicos de la localidad. A las estaciones de televisión locales les encantan las historias filmadas. Establezca una relación con los reporteros de periódicos y las radios locales. Preste atención a los periódicos, y descubra quién se ocupa de los problemas de inmigración. Invítelos a un evento, y póngase a su disposición para entrevistas.

7. **Trabaje en coalición con asociados en asuntos específicos:**
   Trabaje en coalición con asociados a nivel local en asun–tos específicos. Entienda que otras organizaciones puede que no compartan la totalidad de su agenda, y de hecho pueden empeñarse en oponérsele en algunos asuntos importantes, pero pueden ser aliados poderosos en otros asuntos. Los que abogan a favor de la inmigración deben trabajar juntos con agrupaciones con quienes comparten causas, al igual que con otros que ofrecen nuevas oportunidades y alianzas, tales como las empresas locales, las agrupaciones educativas, las cámaras de comercio, etc.

8. **Aproveche la nueva tecnología:**
   La tecnología ofrece a los promotores de la inmigración muchas oportunidades, entre ellas la de comunicarse de

manera más fácil y menos costosa, trabajar juntos con mayor eficiencia y llegar a las personas interesadas, a los funcionaros electos y al público en general, con una difusión más amplia. Los adversarios usan la tecnología en el presente y anticipan el futuro, de modo que usted tiene que hacer lo mismo, y más.

9. **Anime a la gente a naturalizarse y a inscribirse para votar:**
Es vital que la gente se naturalice, se inscriba para votar y vote el día de las elecciones. Anime a sus amigos, a los miembros de su familia y a sus vecinos a participar mediante la inscripción en el registro electoral y concurriendo luego el día de las elecciones.

10. **¡Siéntase investido de autoridad porque en verdad lo está!**

CÓMO UN PROYECTO DE LEY PUEDE CONVERTIRSE EN LEY

El diagrama que sigue muestra el modo en que un proyecto o propuesta de ley puede convertirse en ley en Estados Unidos. Un proyecto de ley no puede convertirse en ley hasta que la misma medida sea aprobada por la Cámara de Representantes y el Senado y firmada por el Presidente. Para saber más al respecto, diríjase a una agrupación comunitaria de la localidad o a su líder religioso. Sírvase recordar también que las leyes y medidas que se aprueban lo afectan. Es importante que entienda también cómo estas entidades hacen leyes y políticas.

ENCUENTRO CON UN FUNCIONARIO ELECTO

Las reuniones personales con funcionarios electos o nombrados u otros líderes son la manera más efectiva de influir en ellos.

Cómo un proyecto de ley puede convertirse en ley

Los proyectos de leyes que se originan en la Cámara de Representantes comienzan con las iniciales "H.R." (y luego el número del proyecto); los que se originan en el Senado comienzan con la inicial S. (y luego el número del proyecto)

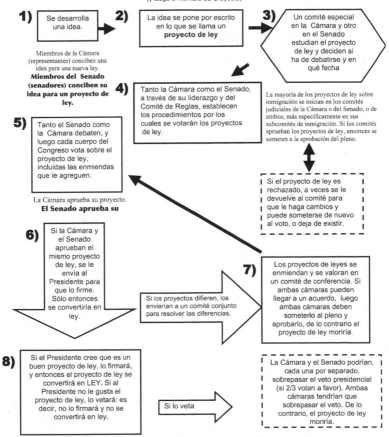

1) Se desarrolla una idea.

Miembros de la Cámara (representantes) conciben una idea para una nueva ley. **Miembros del Senado (senadores) conciben su idea para un proyecto de ley.**

2) La idea se pone por escrito en lo que se llama un **proyecto de ley**

3) Un comité especial en la Cámara y otro en el Senado estudian el proyecto de ley y deciden si ha de debatirse y en qué fecha

4) Tanto la Cámara como el Senado, a través de su liderazgo y del Comité de Reglas, establecen los procedimientos por los cuales se votarán los proyectos de ley.

La mayoría de los proyectos de ley sobre inmigración se inician en los comités judiciales de la Cámara o del Senado, o de ambos; más específicamente en sus subcomités de inmigración. Si los comités aprueban los proyectos de ley, entonces se someten a la aprobación del pleno.

5) Tanto el Senado como la Cámara debaten, y luego cada cuerpo del Congreso vota sobre el proyecto de ley, incluidas las enmiendas que le agreguen.

La Cámara aprueba su proyecto. **El Senado aprueba su**

Si el proyecto de ley es rechazado, a veces se le devuelve al comité para que le haga cambios y puede someterse de nuevo al voto, o deja de existir.

6) Si la Cámara y el Senado aprueban el mismo proyecto de ley, se le envía al Presidente para que lo firme. Sólo entonces se convertiría en ley.

Si los proyectos difieren, los enviarían a un comité conjunto para resolver las diferencias.

7) Los proyectos de leyes se enmiendan y se valoran en un comité de conferencia. Si ambas cámaras pueden llegar a un acuerdo, luego ambas cámaras deben someterlo al pleno y aprobarlo, de lo contrario el proyecto de ley moriría.

8) Si el Presidente cree que es un buen proyecto de ley, lo firmará, y entonces el proyecto de ley se convertirá en LEY. Si al Presidente no le gusta el proyecto de ley, lo vetará: es decir, no lo firmará y no se convertirá en ley.

Si lo veta

La Cámara y el Senado podrían, cada una por separado, sobrepasar el veto presidencial (si 2/3 votan a favor). Ambas cámaras tendrían que sobrepasar el veto. De lo contrario, el proyecto de ley moriría.

Usted puede querer reunirse con ellos para darle a conocer los problemas, pedirles que se conviertan en portavoces de su punto de audiencia o que co–auspicien, apoyen o se opongan a una legislación específica, o puede instarlos a que moderen su oposición a un proyecto de ley que usted apoya. Es fundamental para estas actividades el objetivo primario que usted persigue en estos encuentros: crear una relación con sus funcionarios electos. Si no puede reunirse en persona con ellos, reúnase con miembros de su equipo, que trabaja con las legislaciones, los asuntos regulativos y la política de cada día, y quienes ejercen gran influencia en las posiciones y votos de sus jefes.

OBTENCIÓN DE LA CITA

- Llame a la oficina del funcionario y pida hablar con el programador (*scheduler*). Una vez que le conecten con él o ella, solicite una cita. Hágale saber quién es usted y a quién representa, el propósito de la reunión, cuándo querría la cita (sea flexible) y quienes asistirán. Si habla con el programador y no con la persona que se ocupa de inmigración, pregunte por el nombre de ésta última y la manera de ponerse en contacto con ella.

- Algunas oficinas pueden pedirle que envíe su solicitud para una entrevista por escrito. Si ése es el caso, entérese del nombre de la persona que pidió que le enviara la carta, y hágasela llegar de inmediato, y luego hágale seguimiento con una llamada por teléfono.

- Si le dicen que la persona con quien quiere reunirse no está disponible, no se rinda. Reitere su petición para reunirse con un representante de esa oficina que tenga conocimiento del caso para el cual usted llama. El programador podría entonces sugerir que se reúna con el miembro del personal que se ocupa del asunto que le interesa, sea de inmigración, acceso a la salud, educación o cualquier otro asunto para discutir sobre el cual usted solicita la reunión. Pida que le comuniquen con esa persona. Usted puede lograr reunirse con alguien que trabaja para la persona con quien quería encontrarse. Tal reunión también es importante.

PREPARACIÓN PARA LA REUNIÓN

- Haga su tarea. Usted sabe exactamente lo que quiere decir, y por tanto, revise cuidadosamente su mensaje. Haga una investigación sobre los funcionarios electos con quienes se reúne para conocer sus posiciones sobre asuntos de importancia.

- Si quiere que otras personas asistan a la reunión con usted, escoja a aquéllas que contribuirán positivamente a la reunión debido a lo que son o lo que saben o porque tienen experiencia en un área relevante. Por ejemplo, un sacerdote de una comunidad, un líder local de empresarios inmigrantes o un estudiante inmigrante le agregarían una voz importante a su reunión si usted se concentra en un asunto relacionado con la inmigración.

- Prepare un paquete de materiales para respaldar su posición. Estos materiales podrían incluir información de fondo, pliegos de datos, recortes de periódicos, o todo eso junto y no debe tener más de diez páginas. Adjunte una tarjeta suya al paquete o información sobre cómo localizarlo.

  De ser posible, recopile información sobre la repercusión de asuntos específicos en el distrito o el estado del funcionario. No reúna una larga lista de datos estadísticos que resultaría difícil de recordar. En su lugar, prepare unas cuantas cifras o anécdotas dramáticas para ilustrar el tema. Al igual que a la mayoría de la gente, los funcionarios electos son más propensos a recordar ejemplos transmitidos de una manera humana y personal.

- Para alentar a funcionarios electos a que apoyen algún asunto específico de inmigración, presente materiales que claramente expliquen su posición, valiéndose de ejemplos específicos cuando esto sea posible.

- Esté al tanto de los argumentos en contra y de la parte débil de su posición, y esté dispuesto a responder respetuosamente a cualesquier preguntas o desacuerdos.

- Cerciórese de que todo el mundo en su grupo se encuentre preparado. Instruya a todos los que han de asistir a la reunión y cerciórese de que disponen de cualquier clase de materiales escritos (semblanza biográfica de los legisladores y sus puntos de audiencia, etc.) para repasarlos con antelación.

- Sea organizado. Determine antes de la reunión el papel de cada participante, el tema que abordará cada uno y en qué orden hablarán los participantes.

- Si usted es parte de una agrupación mayor o de una coalición, reúnase con antelación. Todo el mundo debe estar de acuerdo antes de la reunión (con el funcionario electo) en el mensaje central de su grupo y en lo que se le va a pedir al legislador. Resuelva estas diferencias antes de la reunión.

HAGA LA PRESENTACIÓN

- Llegue a tiempo. Comience por presentarse y explicar por qué ha solicitado la reunión. Confirme la duración del encuentro y ajuste su presentación si descubre que tendrá más o menos tiempo del que le dijeron originalmente.

- Presente su preocupación de manera sencilla y directa. Vaya enseguida al grano. Sea breve, directo, cortés y positivo. No suponga que la persona con quien se reúne tiene algún conocimiento anterior sobre el tema. La presentación de cada asunto debe seguir de manera rudimentaria este bosquejo y debe estar imbuida de los mensajes que ya usted ha preparado.

    Trasfondo: Explique el asunto en los términos más sencillos.

Impacto: Explique cómo el problema afecta directamente a su comunidad o al grupo que representa. De ser posible, incluya en su delegación a alguien que esté directamente afectado por el problema.

Recomendación: Indique lo que usted querría que hiciera el funcionario. Si quiere que el funcionario apoye un asunto específico, explique el impacto que ha tenido en su comunidad y las consecuencias en términos concretos si, por ejemplo, el Congreso no aprueba una reforma migratoria efectiva y justa. Finalmente, pídale al funcionario que respalde la legislación que autorizaría la reforma que usted apoya.

Un punto importante: Acuérdese de NO hablar todo el tiempo. Es de igual importancia, si no mayor, saber cuál es la posición de los funcionarios, como lo es para ellos conocer la de ustedes. Si usted habla todo el tiempo, le será difícil llegar a enterarse de lo que ellos piensan. Además, la reunión más fácil para un funcionario es aquella en la que usted habla todo el tiempo. No se olvide, pues, de darle al funcionario la oportunidad de hacer preguntas y de expresar sus opiniones. Hágales preguntas. Con frecuencia, ellos aprecian la oportunidad de ser oídos.

- No discuta con el funcionario o con los miembros de su equipo. Responda amablemente a sus preguntas y preocupaciones; pero si disiente, exprese su opinión y siga adelante. Recuerde, usted se ha reunido con el funcionario o con una persona de su equipo para desarrollar una relación y darle a conocer a él o a ella su posición sobre ciertos asuntos. No discrepen ni debatan entre ustedes en presencia del funcionario—deje eso para después de la reunión.

- Si no sabe la respuesta a una pregunta, diga que no, y prometa que volverá con la respuesta. No se olvide de acudir con su respuesta tan rápidamente como sea posible después de la reunión.

- No use un lenguaje callejero o de jerga. Acuérdese que su funcionario trata con docenas, si no cientos de casos cada semana, cada uno con su propio «lenguaje».

- Agradézcale al funcionario si él o ella se ha mostrado dispuesto a apoyar su opinión. Como les dan las gracias muchas menos veces de las que los critican, apreciarán su reconocimiento.

- No se olvide de pedirle su apoyo al funcionario. Si éste ya lo ha hecho de una manera decisiva, pídale que asuma un papel de liderazgo.

SEGUIMIENTO DESPUÉS DE LA REUNIÓN

- Envíele una nota de agradecimiento al funcionario o al miembro de su equipo por haberse reunido con usted. Resuma brevemente los principales puntos de la reunión.

- Acuérdese de proporcionar las respuestas a todas las preguntas que el funcionario o un miembro de su equipo le hicieron pero que usted no pudo responder en ese momento, o los materiales que le pidieron y que entonces no tenía a mano.

- No piense en la reunión como un acontecimiento aislado. Aunque puede que no vuelva a tener otro encuentro personal por un buen tiempo, invite al funcionario a hablar en un evento o reunión. Ingéniese otros modos para conservar la relación que ha iniciado.

- Infórmele acerca de la reunión a sus colegas y a otros de su comunidad. Estos informes son valiosos para el desarrollo de estrategias y para seguir la trayectoria de los funcionarios públicos en temas de importancia.

COMUNICACIÓN EFICAZ

Vivimos en un mundo complicado y a diario nos enfrentamos a temas complicados. Una de las formas más fáciles de abordar un tema que comunique lo que usted quiere decir de una manera firme, clara y convincente es valerse de puntos o argumentos. Estos argumentos son notas o un bosquejo que uno escribe para ayudar a enmarcar sus comentarios. Estará mejor preparado si ha pensado todo lo que quiere decir y cómo quiere decirlo sin repetirse. Estos argumentos lo ayudarán precisamente a hacer eso: bosquejar un tema de la manera más simple y más firme lo ayudará efectivamente a expresarlo.

TRABAJO EN EQUIPO

El trabajar con otras organizaciones expandirá el poder y la influencia de su agrupación. Formar una coalición (una agrupación de organizaciones) en su comunidad es uno de los modos más efectivos de abogar en defensa de una causa. Con frecuencia, cuanto más diversos son los miembros de su coalición, tanto más poderosa será su agrupación. Por ejemplo, una coalición compuesta de agrupaciones comunitarias, sindicales y empresariales tiene la posibilidad de lograr más que una agrupación que trabaja por su cuenta.

MODOS DE TRABAJAR EN LA COMUNIDAD

- **Celebre una reunión en el barrio.** Las reuniones de barrio son grandes oportunidades de hablarle a la gente de su organización o de un asunto importante. Invite a amigos, miembros de la familia, compañeros de trabajo y miembros de grupos comunitarios y a cualquier otra persona que pudiera interesarle. De ser posible, sirva bocaditos y refrescos, o haga una comida donde todos aporten un plato.

Muestre un vídeo, lea un artículo breve o cuente con un orador invitado, y luego tenga una discusión abierta. Incluya una acción directa para los asistentes después que termine la reunión, como escribir cartas a funcionarios electos o comprometerse a traer a un amigo la próxima reunión. No se olvide de hacer circular una hoja de papel para que las personas interesadas puedan dejar su nombre y señas donde poder localizarlas si quieren más información.

- **Monte una mesa.** Esté atento a conciertos, festivales, reuniones, meriendas campestres, ferias y otros eventos en su comunidad y prepare una mesa para desplegar el trabajo de su organización. Encargue su mesa a representantes amistosos y ponga señales claras y llamativas. Tenga listo un pliego de inscripción, volantes informativos, folletos, peticiones para firmar y tarjetas para enviarles a los legisladores de manera que cualquier transeúnte pueda participar. Distribuya información también en sitios donde la gente se reúne, tales como parques y lavanderías.

- **Use las bibliotecas y las instalaciones comunitarias.** Muchas personas utilizan los espacios públicos, y algunos incluyen cajas de exhibición que se ofrecen a las organizaciones locales. Si bien usted puede ser incapaz de promover un segmento de ley específico, puede crear una interesante exhibición informativa para instruir a la gente sobre un tema. Prepárelo para un feriado, un evento especial o sin que medie motivo alguno, pero no se olvide de incluir el nombre de su agrupación o coalición y la información donde puedan localizarlos de manera que la gente pueda obtener más información y llegar a sentirse comprometida.

- **Diríjase a los estudiantes de secundaria.** Incluya a los jóvenes y a las organizaciones de jóvenes para hacerlos partícipes. Por ejemplo, pídale a una agrupación de jóvenes, cuyos miembros trabajan de voluntarios en una cocina de caridad, que se comprometan a escribir cartas a los legisladores en apoyo a una reforma de inmigración justa. Además, algunos temas se ajustan perfectamente con el deseo de la escuela de que sus estudiantes lleguen a participar activamente en proyectos de la comunidad, incluidas las actividades pro—inmigrantes. Póngase en contacto con la escuela o con la Asociación de Padres y Maestros de su localidad para ver cómo ellos pueden participar en el trabajo que usted realiza.

MÁS ALLÁ DE SU COMUNIDAD

Un modo de lograr que su punto de audiencia trascienda a su comunidad es trabajando con los medios de prensa. Visite las estaciones de radio que escucha su comunidad a fin de lograr que transmitan información acerca de su organización, coalición o asuntos específicos. Entérese qué reporteros de los periódicos se ocupan del asunto que le interesa a su agrupación y póngase en contacto con ellos.

CONCLUSIÓN

La inmigración nos ha hecho un país grande y fuerte. La política inmigratoria de nuestra nación o nos abrirá a un futuro grande y novedoso, legado continuo del pasado, o a un futuro cerrado que pugne con nuestra historia y nuestro fundamento y que desmienta las palabras de la Estatua de la Libertad.

Es mi oración que usted, lector, llegue a entender mejor el proceso de inmigración, sus dificultades y sus retos; y espero que se comprometa a ayudar a su familia, amigos y a usted mismo a gozar de los frutos que Estados Unidos de América ofrece a los que se le suman.

Índice alfabético

audiencia del calendario maestro, 83
audiencia individual, 83
deportación, 81
derechos del inmigrante, 91–95
detener en el auto, 94
hablarle en la calle, 93–94
notificación de comparecencia, 82
orden de allanamiento, 92
orden de registro, 92
redadas, 90, 93
venir a la casa del inmigrante, 92–93
indocumentados, 4
deportación, 6, 78–95
derechos en la frontera, 94–95, 105
detener, 89–94
entrevista de tarjeta verde, 46–47,
48–49, 52–54
exclusiones de la presencia ilegal, 5
mantener silencio, 92, 93, 94, 105
no firmar papeles, 92, 93, 105
parada por ICE, 93–96
policia y, 95–96
salir de los EE.UU., 6
InfoPass, 2, 3, 52, 125
inglés, ciudadanía y, 109, 110, 117–118,
126, 128
ingreso sin inspección (EWI), 4
inmigración
ayuda con problemas de, 130–136
ayuda de la familia, 20–61
ayuda del empleador, 62–77
basada en el empleo, 12, 16, 62–77
basada en la familia, 16
categorías preferenciales, 34–36, 37,
39, 41–42
cónyuges, 12, 14, 21, 22, 23, 27, 29, 35,
36
derechos de inmigrantes en arresto o
detención, 91
estatus de asilado y refugiado, 14, 16,
122–123
familiares cercanos, 27, 29–30, 41
hermanos/hermanas, 21, 27, 36
hijos/hijas mayores, 21, 25–26, 34–35,
36
hijos/hijas menores, 21, 27, 29, 31, 35,
36, 41, 42, 116
inscripción, 18
lotería de visas por diversidad, 17–18
obtener ayuda de la familia, 20–61
padres, 21, 27, 29
participar como promotor o activista,
137–151

trabajar con la comunidad, 137–151
trampas de, 134
Violencia Contra las Mujeres (VAWA),
15, 19, 22, 28–29
Vea también estatus legal en los
EE.UU.; tarjeta verde
inmigración basada en la familia, 16
INS (Servicio de Inmigración y
Naturalización), 2, 79
inscribirse para votar, 127
inscripción, 18
inspección diferida, 103, 104
inspección secundaria, 103
Internet
Boletín de Visas, 38
CIS, 2, 50, 52
cita *InfoPass,* 3
cuestionario en historia y gobierno
para la naturalización, 119
Lista de Empleos Profesionales del
NAFTA, 66

juramento de lealtad, ciudadanía y, 110,
120, 127

LCA (Solicitud de Condición Laboral),
63
lealtad a los EE.UU., ciudadanía y, 110,
120, 127
Ley de Ajuste Nicaraguense y Alivio
Centroamericano (NACARA), 18
Ley de Justicia Inmigratoria para
Refugiados Haitianos (HRIFA), 18
Ley de la Violencia Contra las Mujeres
(VAWA), 15, 19, 22, 28–29
leyes de inmigración
cambio de, 130
certificación laboral, 69
policía estatales y municipales y, 95
lotería de visas por diversidad, 17–18

madre, 21, 27, 29
matrimonio
fraude matrimonial, 24
residencia condicional, 9
visas para novios de ciudadanos
norteamericanos, 12
matrimonios consensuales, 23–24
médico certificado, 52
"mica," 8
"la migra," 2, 79
moralidad, para ciudadanía, 110, 114,
129

Agradecimientos

Quiero agradecerle a mi familia por la paciencia y el amor que me tienen.

Gracias a Cristina Pérez por escribir el prólogo de este libro y sobre todo por haberme puesto en contacto con la organización Immigrant Legal Resource Center (o ILRC). Sin ellos este libro no existiría. Ha sido una bendición trabajar con sus miembros cuya misión es conocida por todos los activistas de inmigración. Este libro es el fruto de un grupo de personas que trabajan día a día para que esta nación mantenga el legado de recibir inmigrantes. Eric Cohen, Kathy Brady, Angie Junck, Nora Privatera, Mark Silverman y Sally Kinoshita colaboraron en esta obra. También quiero agradecerle a Judith Golub, cuyo liderazgo permitió la publicación de este libro.

Finalmente quiero agradecerle a mis amigos en Simon & Schuster Judith Curr, Johanna Castillo y Amy Tannenbaum.

Acerca del autor

EL RDO. LUIS CORTÉS JR. es el presidente y director ejecutivo de Esperanza USA, la mayor corporación hispana de orientación religiosa para el desarrollo comunitario que existe en el país. En enero de 2005, la revista *Time* lo destacó como uno de los «25 líderes evangélicos más influyentes».

EL CENTRO DE RECURSOS LEGALES PARA LOS INMIGRANTES
WWW.ILRC.ORG

AYUDA A LOS INMIGRANTES A ALCANZAR EL FUTURO

Desde 1979, el Centro de Recursos Legales para los Inmigrantes (ILRC, sigla en inglés) ha sido un líder nacional en la lucha por los derechos de los inmigrantes. Trabajamos para que nuestro país valore las contribuciones de los inmigrantes, los trate justamente, con dignidad y respeto, y les brinde iguales derechos a todas las personas, independientemente de su estatus migratorio. La obra de educación, defensa y capacitación del ILRC a favor de los inmigrantes contribuye a que éstos participen más activamente en el proceso democrático en este país.

Aunque no manejamos casos individuales de ningún inmigrante, sí laboramos en las tres áreas siguientes para ayudar a los inmigrantes a aumentar su capacidad de entender y abordar las leyes y políticas que afectan su vida diaria:

- **Participación cívica**—Trabajando con inmigrantes para ayudarlos a participar en el proceso democrático mediante programas tales como naturalización, desarrollo de liderazgo y preparación electoral.
- **Política y promoción**—Participando en activismo promocional e informativo con funcionarios y organismos gubernamentales, medios de prensa y otras instituciones en políticas que afecten a los inmigrantes, incluida la ley de inmigración, el acceso a la atención sanitaria y la seguridad.
- **Asistencia técnica**—Proporcionando adiestramiento, materiales, orientaciones escritas, alcance y educación sobre la ley y la política de inmigración.

Para obtener más información acerca del ILRC, sírvase visitar nuestra página web en www.ilrc.org.